THE BORDER SIMULATOR /

EL SIMULADOR DE FRONTERAS

THE BORDER SIMULATOR

/ / /

EL SIMULADOR DE FRONTERAS

/ / /

POEMS / POEMAS

Gabriel Dozal

SPANISH TRANSLATION BY
Natasha Tiniacos

ONE WORLD

NEW YORK

Published in the United States by One World,
an imprint of Random House, a division of
Penguin Random House LLC, New York.

ONE WORLD and colophon are registered trademarks
of Penguin Random House LLC.

Versions of poems in this manuscript have appeared in:
POETRY, *The Iowa Review, Guernica, Pleiades, The Brooklyn Rail,
The Literary Review, Contra Viento, The Volta, A Dozen Nothing,
Hunger Mountain, Spoon River Poetry Review,* and *DREGINALD.*

LIBRARY OF CONGRESS CATALOGING-IN-PUBLICATION DATA
Names: Dozal, Gabriel, author. | Tiniacos, Natasha, translator. |
Dozal, Gabriel. Border simulator. | Dozal, Gabriel.
Border simulator. Spanish.
Title: The border simulator = El simulador de fronteras: poems /
by Gabriel Dozal; Spanish translation by Natasha Tiniacos.
Other titles: Simulador de fronteras
Description: First edition. | New York: One World, [2023]
Identifiers: LCCN 2023005271 (print) | LCCN 2023005272 (ebook) |
ISBN 9780593447291 (trade paperback; acid-free paper) |
ISBN 9780593447307 (ebook)
Subjects: LCSH: Boundaries—Poetry. | Mexican-American
Border Region—Poetry. | LCGFT: Poetry.
Classification: LCC PS3604.O97 B67 2023 (print) |
LCC PS3604.O97 (ebook) |
DDC 811/.6—dc23/eng/20230321
LC record available at https://lccn.loc.gov/2023005271
LC ebook record available at https://lccn.loc.gov/2023005272

Printed in Canada on acid-free paper

oneworldlit.com
randomhousebooks.com

9 8 7 6 5 4 3 2 1

Book design by Barbara M. Bachman

For Laura, thank you for pushing me past my limits
and for being my partner in love and tennis

Para Laura, gracias por impulsarme a sobrepasar mis límites
y por ser mi compañera, en el amor y el tenis

CONTENTS

THE PAST LIKE THE BORDER IS ITS OWN COUNTRY /

EL PASADO COMO LA FRONTERA ES SU PROPIO PAÍS

/ / /

THE DIGITAL LANDSCAPES OF PRIMITIVO /

LOS PAISAJES DIGITALES DE PRIMITIVO

    / / /

CUSTOMS REMAKES THE MAP OF THE BORDER /

ADUANAS REHACE EL MAPA DE LA FRONTERA

/ / /

THE ONLY YOU LEFT IN THE BORDER SIMULATOR /

*EL ÚNICO TÚ QUE QUEDA EN EL SIMULADOR
DE FRONTERAS*

/ / /

THE BORDER SIMULATOR /

EL SIMULADOR DE FRONTERAS

THE PAST LIKE THE BORDER
IS ITS OWN COUNTRY

/ / /

EL PASADO COMO LA FRONTERA
ES SU PROPIO PAÍS

/ / /

BORDER VS

The Border Simulator (like the real border) was made up
of narratives that passed inspection, ports of entry÷ poems
that have artificial rivers have brother and sister
stream down holographic mountains in an attempt to reach
the lower valley's work floor.

This brother and sister duo,
Primitivo and Primitiva,
are parts of a border
story that exist vs invented ones,
and the stories are looking for work!

FRONTERA VS

El simulador de fronteras (como la verdadera frontera) fue hecho
de narraciones que pasaron la inspección, puertos de entrada÷ poemas
que tienen ríos artificiales tienen hermano y hermana
torrente entre montañas holográficas en un intento de alcanzar
el piso de trabajo del valle inferior.

Este dúo de hermano y hermana,
Primitivo y Primitiva,
son partes de una historia
de frontera que existe vs las inventadas,
¡y las historias están en busca de trabajo!

THE WORK OF THE BORDER IS CLEAN UP
AND DRY CLEANING

Guess my weight, Primitivo; guess what size shirt I wear.
I know the weight of your Daewoo, Primi.
Us Customs already have the answers to the questions
:
Where did Primitivo and Primitiva come from?

When is Primitivo a past version of himself?
When is Primitivo a future version?

Where's the pastfuture border?

This is what Primitivo is searching for, the elusive present moment.
A moment covered in snow
cap lard. Did you make this snowcapped moment, Primitivo?
You've never even seen snow, how could you?
Or did us Customs lard up the moment? You tell us, Primitivo.
That's the quiz at the port of entry. He's not sure
what's on the other side but he knows it's better than his real job.

Get on the right side of the border, the side with jobs.
You're on the wrong side of the border AND the wrong side of
    history, Primi.

#

The Origin of Primitivo Bites Back

EL TRABAJO DE LA FRONTERA ES LIMPIAR
Y LAVAR AL SECO

Adivina mi peso, Primitivo; adivina la talla de la camisa que llevo.
Sé cuánto pesa tu Daewoo, Primi.
Nosotros Aduanas ya tenemos las respuestas a las preguntas.
:

¿De dónde vienen Primitivo y Primitiva?

¿Cuándo es Primitivo una versión pasada de sí mismo?
¿Cuándo es Primitivo una versión futura?

¿Dónde está la frontera pasadafutura?

Esto es lo que Primitivo busca, el momento elusivo del presente.
Un momento pico nevado
de manteca. ¿Sentiste como manteca este momento, Primitivo?
Nunca has visto la nieve, ¿cómo podrías?
¿O nosotros, Aduanas, enmatecamos el momento? Tú dinos,
    Primitivo.
Esa es la prueba en el puerto de entrada. Él no está seguro de
qué es lo que hay del otro lado, pero sabe que es mejor que su
    trabajo verdadero.

Ponte en el lado correcto de la frontera, el lado con trabajos.
Estás en el lado incorrecto de la frontera Y el lado incorrecto de
    la historia, Primi.

#

El origen de Primitivo devuelve la mordida

Only when bitten does Customs realize
they're wrong about Primitivo's country
of origin. Up until that point on the map
being wrong about Primitivo felt exactly like being right.

#

Primitivo was the first to scale the fence
and now his job is to cross the border. There are tear drops
and then there's tier drops.

And Primitivo is in the bottom tier, tucked away in a drawer
with a mylar blanket to keep him warm. Even though Primitivo
     was first
to arrive at the sunset of the border,
Customs is unsure whether to let him into simulation.
Primitivo is the tallest dividing rod, or divining rod,
crossing the border and he's not even that tall!

Primitivo is an edge case and that's why,
we'll admit, we know where the actual border is
but the border of Primitivo is harder to discern. So, we'll need a light
and the spotlight of Customs is—you guessed it—
his sister, Primitiva.

Solo cuando es mordida Aduanas se da cuenta
de que se equivoca sobre el país de origen
de Primitivo. Hasta ese punto en el mapa
equivocarse sobre Primitivo se sentía igual que estar en lo cierto.

\#

Primitivo fue el primero en escalar el muro
y ahora su trabajo es cruzar la frontera. Hay lágrimas tendidas
y luego hay caída en tandas.

Y Primitivo está en la última tanda, escondido en un cajón
con una manta Mylar para mantenerlo calentito. Aunque Primi-
    tivo fue el primero
en llegar al atardecer de la frontera,
Aduanas no está segura si dejarlo entrar en simulación.
Primitivo es la más alta vara divisoria, o vara rabdomante
cruzando la frontera ¡y ni siquiera es tan alto!

Primitivo es un caso límite y por eso
admitiremos, sabemos dónde está la frontera real,
pero la frontera de Primitivo es más difícil de discernir. Así que
    necesitaremos una luz
y la luz de Aduanas es—adivinaste—
su hermana Primitiva.

PRIMITIVA DOESN'T KNOW IT BUT SHE'S BEING CARTOONED

Us Customs see a prominent feature and then exaggerate it.
We make the nose bulbous and ears that can fly over the fence,
sort of like Dumbo searching for the border in the dark desert
    night.
But what we didn't account for in this caricature
is that we gave Primitiva the ability to listen her way to
    freedom-jail,
how to hear one accent and then hear another (you meet a lot of
    accents that way!)
at the port of entry and the accents are looking for work at the
    rotted carcass of the border.
Though the carcass of the border is rotten, we throw new skin on
all the time to hold the rottenness together.
Keep your rotting border carcass in one place so it's easy to
    track!
We never let *our* border move because then we'd have to track it
    and erase its steps.

J. Cristo might be your co-pilot, Primitiva, but you're ours
and if we find you passed out in the desert it's us who will carry
    you the rest of the way,
straight into a holding cell and in three days you'll arise and re-
    turn as the zombie truth.
The zombie truth walks among us.
We know this parable because we've heard it before. The journey
of this crosser follows the same parabola of J. Cristo.

PRIMITIVA NO LO SABE PERO
LA ESTÁN CARICATURIZANDO

Nosotros, Aduanas, notamos un rasgo prominente y lo
    exageramos.
Hacemos la nariz bulbosa y las orejas capaces de volar sobre
    el muro,
algo así como Dumbo buscando la frontera en la noche oscura
    del desierto.
Pero lo que no tuvimos en cuenta en esta caricatura
es que le dimos a Primitiva la habilidad de escuchar su pase a la
    cárcel-libertad,
cómo escuchar un acento y luego escuchar otro (¡conoces
    muchos acentos de ese modo!)
en el puerto de entrada y los acentos buscan trabajo en el pellejo
    podrido de la frontera.
Aunque el pellejo de la frontera esté podrido, le echamos
nueva piel encima para siempre mantener la pudrición.
¡Deja el pellejo podrido de la frontera en un solo lugar para que
    sea fácil rastrearlo!
Jamás dejamos que *nuestra* frontera se mueva porque entonces
    tendríamos que rastrearla y borrar sus

                      [pasos

Puede que J. Cristo sea tu copiloto, Primitiva, pero tú eres
    la nuestra
y si te encontramos desmayada en el desierto somos nosotros
    quienes te cargaremos el resto del camino,
derecho a una celda de detención y en tres días te levantarás y
    volverás como la verdad zombie.

That's what we've been told at least; His *palabras* are the truth
the way and the light and so is Primitiva!
That's how we see her, yet we may never see ourselves
back into the skin of a crosser, our true desire, don't tell.

#

PRIMITIVA AND PRIMITIVO ARE THE COPYPASTAS OF THE BORDER

These borders are yours, but mostly ours, Customs, to define.

Primitivo:
That's a job? Defining borders? Can I write "defining" in a résumé?
I'm not welcome to apply and yet I welcome loans and interest
    payments.

Or so I thought
I wanted to taste Texas but now I'm negging
on my promise to join you in telling our story through a narra-
    tive mural.
I'm tired of representations, I don't want to present anymore,
I've forgotten how to use PowerPoint.

The smugglers will promise a safe passage through the border,
    but the reality is much different
for the wet crosser, the dry crosser, the bedazzled denim Ross-er.

See how I just fit one word inside another? Anyone can sneak
    these words past. Customs tuts
when she hears my answer. If I can sneak words into the border
    simulator
you, Primitiva, can sneak yourself in and get a job moderating

La verdad zombie camina entre nosotros.
Conocemos esta parábola porque ya la hemos escuchado.
　　La travesía
de esta cruzante cumple la misma parábola de J. Cristo.
Eso es al menos lo que nos han dicho; ¡Sus palabras son la verdad
el camino y la vida y así es Primitiva!
Tal es como la vemos, pero es posible que nunca nos veamos
de vuelta en la piel de una cruzante, nuestro genuino deseo, shhh.

\#

PRIMITIVA Y PRIMITIVO SON
　LOS COPYPASTAS DE LA FRONTERA

Estas fronteras son suyas, pero más que todo es de nosotros,
　　Aduanas, definirla.

Primitivo:
¿Eso es un trabajo? ¿Definir fronteras? ¿Puedo poner "definir" en
　　una hoja de vida?
No me permiten solicitarlo, pero sí me permiten solicitar présta-
mos y pagos de intereses.

O así creía
Quería probar Texas pero ahora socavo
mi promesa de unirme a ustedes contando nuestra historia desde
　　un mural narrativo.
Estoy cansado de las representaciones, ya no quiero presentar más,
se me olvidó cómo usar PowerPoint.

Los traficantes prometerán un paso seguro por la frontera, pero
　　la realidad es muy diferente

for the ominous-sounding app TikTok. Hurry!
the border needs moderating and so does the app.
For most people the border simulator is the border.

We have a cousin who's a level 2 moderator. He gets the Rossers
    (those who cross to shop at Ross)
that made it past moderator 1. Level 1 moderators see the most
    explicit border cross attempts, all waves
in the border simulator app, and the waves are made of caravans
of crossers. Don't be afraid of hiding in the *coyote's* 1986 Dodge
    Caravan.

%

We leaned into each other in the backseat sending SMS's to
    coyote-banks,
these dollar signs eventually travel through wind chutes, you
    know, those hydraulic tubes?
I wish I could travel through hydraulic tubes. I wish I was a dollar.
It seams (snicker) my dollar signs, my jeans
have no border and more agency than me or my sister
and I now see the appeal Primitiva chases. For, if you're an agent,
then surely you have agency. Someone's bank
is receiving us (our money) but we're not sure whose.

Customs:
In the '90s we were riding
a horse through the 8-bit border
and the horse of the border was Primitivo.

We're riding a stallion through the border simulator
and the stallion of the border simulator is Primitivo's story.

para el cruzante mojado, el cruzante seco, el Rosseante de jeans
con pedrería.

¿Ves cómo acabo de meter una palabra en otra? Cualquiera
puede hacer pasar estas palabras a escondidas.
                                                        [Aduanas
chasquea la lengua cuando escucha mi respuesta. Si puedo colar
palabras en el simulador de la frontera
tú, Primitiva, puedes escabullirte y encontrar un trabajo para
moderar
en la ominosa *app* sonora TikTok. ¡Órale!
La frontera necesita moderación como la *app*.
Para la mayoría de la gente el simulador de fronteras es la fron-
tera.

Tenemos un primo que es moderador nivel 2. Busca los Rosse-
antes (aquellos que cruzan para
                                              [comprar en Ross)
que lograron pasar al moderador 1. Moderadores del nivel 1 ven
los más explícitos intentos de cruce
                                              [fronterizo, puras olas
en la aplicación del simulador de la frontera y todas las olas son
caravanas de cruzantes. No temas
esconderte en la Dodge Caravan de 1986 del coyote.

%

Nos apoyamos el uno en el otro en el asiento trasero enviando
mensajitos de texto a bancos-coyote,
estos signos de dólar tienen que viajar por caños de aire, ¿sabes,
esos tubos neumáticos?
Ojalá pudiera yo viajar por tubos neumáticos. Ojalá fuera yo un
dólar.

\#

But where is *Primitiva's* narrative going?
Do we follow the data, or the anecdote of Primitiva?
Two roads diverge but at the border!
Or, has her story been following us this whole time?

We thought we were following the story of Primitiva,
but her narrative was following us,
Customs, and now she's caught up to us.

She wears our uniform and speaks our language.

She also speaks your language, dear crosser.

Apunta (risita) mis signos de dólar, mis jeans
no tienen fronteras y tienen más agencia que mi hermana o esta
    persona
y ahora le veo el atractivo que Primitiva ansía. Porque, si eres un
    agente,
entonces seguro tienes agencia. El banco
de alguien nos recibe (el dinero) pero no estamos seguros de
    quién es el banco.

Aduanas:
En los noventas cabalgamos
por la frontera de 8 bits
y el caballo de la frontera era Primitivo.

Montamos un semental por el simulador de la frontera
y el semental del simulador de fronteras es la historia de Primitivo.

#

¿Pero a dónde está yendo la narración de *Primitiva*?
¿Hacemos un seguimiento de los datos o de la anécdota de Primitiva?
¡Dos caminos se bifurcan pero en la frontera!
¿O es su historia que nos ha seguido todo este tiempo?

Pensábamos que seguíamos la historia de Primitiva
pero su narración nos seguía a nosotros,
Aduanas, y ahora nos ha alcanzado.

Lleva nuestro uniforme y habla nuestro idioma.

También habla tu lengua, cruzante querido.

IF YOU'RE INSIDE THE DREAM, SHHHH,
YOU'RE SUPPOSED TO BE DEAD

Customs:
If you're on this side of the dream that means you're the dreamer.
Stop trying to come back to life, Primitivo. We've pronounced
    you deceased.
We have trouble pronouncing your (and our) name in Spanish,
but your name is skunked. People used to name their children
    Primitivo but no more.
I'm chasing the chaser of chasers because Primitivo is chasing a job
and the job is chasing another crosser. The job turned its back on
    Primitivo
and ran for the border and now Primitivo spells this elusive job.
Spell my name, Primitivo, to learn more about it.
That's what I'm doing with your name, P-r-i-m-i.
Even though the border isn't everything, we're going to pretend it is.
That's the simulation part of the border.
Inject these narratives into my veins, *porfa*.

We swallow all of the border simulator.
The fence isn't real, it's extra real
because we get crossers to also swallow
all of it, the whole simulator.

#

Knowing that others are watching his private feed,
Primitivo enters the shrug,
I-don't-really-care stage of crossing

SI ESTÁS DENTRO DEL SUEÑO, SHHHH,
SE SUPONE QUE ESTÁS MUERTO

Customs:
Si estás de este lado del sueño implica que eres el soñador.
Deja de intentar volver a la vida, Primitivo. Te pronunciamos
    muerto.
Tenemos problemas pronunciando tu (y nuestro) nombre en español,
pero tu nombre está aniquilado. La gente solía ponerle el nom-
    bre Primitivo a sus hijos, pero ya no.
Persigo al perseguidor de perseguidores porque Primitivo está
    persiguiendo un trabajo
y el trabajo es perseguir a otro cruzante. El trabajo le dio la es-
    palda a Primitivo
y corrió hacia la frontera y ahora Primitivo persigue su elusivo
    trabajo.
Deletrea mi nombre, Primitivo, para aprender más de él.
Eso es lo que haré con tu nombre, P-r-i-m-i.
Aunque la frontera no lo es todo, vamos a pretender que lo es.
Esa es la parte simulación de la frontera.
Inyecta estas narraciones en mis venas, porfa.

Nos tragamos todo el simulador de fronteras.
El muro no es real, es extra real
porque hacemos que los cruzantes se lo traguen
todo, al simulador entero.

Customs:

Al saber que otros ven su *feed* privado,
Primitivo entra en la etapa del encogimiento de hombros,
el a-mí-qué-me-importa del cruce fronterizo,

but I promise he will care again,
ahorita, once we grant him another chance to cross.

No one has to explain the appeal of customs to me;

my family is customs, my friends are customs,

this whole ride. The fence knows
how you will cross before you even cross it.
Fellow customs sweep among us.
Crossers weep among us.
Border Patrol sweeps the footsteps of the crossers.
The tracks and trails of the Ross-ers are raked and swept—
that's the job some crossers are hoping to get,
a chance to erase their own steps!

pero te prometo que le va a importar otra vez,
ahorita, a lo que le demos otro chance de cruzar.

Nadie me tiene que explicar a mí el atractivo de customs;

mi familia es customs, mis amigos son customs,

todo este paseo. La cerca sabe
cómo cruzarás incluso antes de que la cruces.
Miembros de customs barren junto a nosotros.
Cruzantes sollozan entre nosotros.
La patrulla fronteriza rastrea los pasos de los cruzantes.
Las huellas y senderos de los Ross-eantes se aplanan con rastrillo
    y se dispersan—
tal es el trabajo que aspiran a conseguir unos cruzantes,
¡un chance para eliminar sus propios pasos!

THERE ARE PLENTY OF PLACES WHERE
THE BORDER DOESN'T EXIST

We are all post-host, I mean post hoc, crossers.

We've already crossed but we have to give the appearance that
we're new here.
Our crossing is driven by our passions and sometimes our pas-
sions cross without us.

The great variety of ports of entry is what gives the border its
charm. Well, if effectiveness means charm
then yes. See how I just fit one word inside another? Anyone can
sneak these words past.

Customs:
For most crossers, the border app is the border.
The poem is supposed to glitch here.
And be aware of its sewing and its poorly seamed bedazzled jeans.
I know you are already aware of the glitches in the border simulator.
You see a cat and then you see it twice.
You see Primitivo and then you see Primitivo twice.

We're going to A/B test this crosser.
What words get less engagement from Customs?
How many times have you clicked on a photo of yourself?

Primitivo:
Our Father, Halloween and Texas,
how should Primitiva play her hand?
She tries to hide her hand with her other hand.

HAY MUCHOS LUGARES DONDE NO EXISTE LA FRONTERA

Todos somos cruzantes post host, digo, post hoc.

Ya hemos cruzado pero tenemos que aparentar que somos nuevos aquí.
Nuestro cruce lo impulsan las pasiones y algunas veces nuestras pasiones cruzan sin nosotros.

La gran variedad de puertos de entrada es lo que le da su encanto a la frontera. Bueno, si efectividad
[significa encanto
entonces sí. ¿Ves cómo meto una palabra en otra? Cualquiera puede pasar estas palabras a
[escondidas.

La aduana:
Para la mayoría de los cruzantes, el *app* de la frontera es la frontera.
Se supone que el poema falla aquí técnicamente.
Y ten cuidado con sus costuras y sus mal cosidos jeans con pedrería.
Sé que ya estás al tanto de los fallos técnicos del simulador de fronteras.
Ves un gato y luego lo ves otra vez.
Ves a Primitivo y luego ves a Primitivo otra vez.

Vamos a hacerle el test A/B a este cruzante.
¿Qué palabras generan menos participación de la aduana?
¿Cuántas veces has hecho clic en una foto tuya?

One farm hand reveals the other!

How many times have you clicked on yourself, well, a picture of
    yourself at least?

Customs shows you a photo of you crossing the border

Is this you in the photo? It looks so much like you it must be you.

#

Primitiva was only interested in creepypasta stories about the Border.

But what was so creepy about the Border Simulator?

It was creepy because of how quickly the definitions took refuge
    in the crossers.

Collecting for so long, the language got so big that even me,
    Primitivo, could fit

inside its words. My favorite word is *residiente*,

the combo of tooth and status, a ghost-word

hidden in Primitiva, the guest-host of the border simulator.

See how I just fit one word inside another?

Anyone can sneak these words past.

Primitivo:

Padre Nuestro, Halloween y Texas,

¿Cómo debería jugar su mano Primitiva?

Ella intenta esconder una mano con la otra.

¡Una mano campesina a la otra descubre!

¿Cuántas veces has hecho clic en ti misma, bueno, en un retrato
    tuyo por lo menos?

La aduana te muestra una foto tuya cruzando la frontera.

¿Eres tú la de la foto? Se parece tanto a ti que tienes que ser tú.

#

A Primitiva solo le interesaban las historias creepypastas sobre la
    frontera.

¿Pero qué tenía de *creepy* el Simulador de Fronteras?

Era *creepy* por cuan rápido las definiciones se refugiaron en los
    cruzantes.

Al acumular durante tanto tiempo, el lenguaje se puso tan
    grande que incluso yo, Primitivo, podría

                                    [caber

dentro de sus palabras. Mi palabra favorita es "residiente",

el combo entre diente y estatus, una palabra-fantasma

oculta en Primitiva, la huésped-anfitriona del simulador de fron-
    teras.

¿Ves cómo meto en otra una palabra?

Cualquiera puede pasar estas palabras a escondidas.

PRIMITIVO IS BOTH INSIDE YET SOMEHOW
STILL OUTSIDE THE BORDER

He thought he arrived, ipso facto
he's named "crosser." For, if he truly is one
then surely that's his job, to cross. You name an appliance
for what it does. It says here in his file that his alias
is "Primitivo the Asymptote" but we'll still call him
a crosser because we're creepy bullies. Let's see what Primi says
when we ask him what's in his trunk. Once a border simulator,
always a one
or a zero.

Caravan of Crossers:
To come out of the cult of the border but also demonstrate that
    you are out of it.

Why were we willing to chase the tail of the border? All crossers
    go to heaven
that's what we were told, anyways, but the reality was much different.
We kept sending angels and Customs sent the angels back!
It's not that you're talking in the border simulator
You're just posting statements, on a fence,
and the fence at the border is like a stage, it's so well lit.
Customs feeds themselves the fence.
We are now so full watching Customs eat the fence.
Their language is so big, we were able to shuttle ourselves into
    their words.
We were told we could take refuge in the language of Customs.

We were trying to chase the narrative but we were confused as
    to where the narrative was going,

PRIMITIVO ESTÁ TANTO ADENTRO COMO DE ALGÚN MODO AFUERA DE LA FRONTERA

Pensó que había llegado, *ipso facto*
se le llamó "cruzante". Porque, si de verdad es uno,
entonces seguramente ese es su trabajo: cruzar. Nombras a un aparato
por lo que hace. Dice aquí en su documento que su alias
es "Primitivo el Asíntota," pero igual lo vamos a llamar
cruzante, por diversión. Siempre un simulador de la frontera,
un uno
o un cero.

Caravana Migrante:
Abandonar el culto a la frontera y de hecho demostrar que a ella
    renunciaste.

¿Por qué estábamos dispuestos a perseguir la cola de la frontera?
    Van al cielo todos los que cruzan fue lo que nos dijeron, pero
    igual la realidad era otra.
¡Seguíamos enviando ángeles y la aduana los mandaba de vuelta!
No es que hables en el simulador de la frontera,
solo estás publicando declaraciones, en una cerca,
y la cerca en la frontera es como un escenario, tan bien
    iluminado.
Aduanas se alimenta de la cerca.
Estamos ya muy hastiados de ver a Aduanas comerse la cerca.
Su lenguaje es tan vasto, fuimos capaces de lanzarnos hacia su
    lenguaje.
Nos dijeron que podíamos refugiarnos en el lenguaje de
    Aduanas.

did the narrative have a getaway car waiting?
Who is trying to kidnap this narrative? Or did the narrative try
    to kidnap itself and hold itself
hostage, for ransom? If the narrative took itself hostage, then
    that means it wants a way out. The narratives
always get painted into the corner of the Southwest
    because the Southwest is also in a corner, tucked away.
                              Goodnight, Southwest. Sleep tight.

It's not crazy to want a border.
We all want one to bracket time
for yourself and your loved ones.
Put the ones you love into brackets, it's the only way to be sure.
Because if you're in a bracket you're trapped but also protected
and who doesn't love being protected by a trap?
You could step on the trap but so could they.

Intentamos perseguir la narrativa, pero nos confundía su camino,
¿tenía la narrativa un carro listo para su escapatoria?
¿Quién está intentando secuestrar esta narrativa? ¿O es que la
    narrativa intentó autosecuestrarse y

                                          [tomarse como rehén,
a cambio de rescate? Si la narrativa se tomó como rehén eso
    quiere decir que quiere liberarse. Las narrativas se pintan
    siempre en la esquina del suroeste
        porque el suroeste yace también en una esquina,
            resguardado.
                                Buenas noches, suroeste. Que duermas bien.

No es una locura querer una frontera.
Todos queremos una para poner el tiempo entre corchetes
para ti y tus seres amados.
Pon a los que amas entre corchetes, es la única manera de estar
    seguro.
Porque si estás entre corchetes, estás asido pero también a salvo
¿y quién no ama estar protegido por la trampa?
Podrías poner un pie y pisarla y ellos también.

ONCE A NIGHT,
ALWAYS A NIGHT

/ / /

SIEMPRE UNA NOCHE

/ / /

NIGHT I ReCAPTCHA

We see Primitivo before he sees us, Customs.
We know Primitivo by his gait and it's only at gates we see him.
First through the mesh squares,
then closer. Primitivo, the border doesn't go away,
even if you stop thinking about it.

%

We're looking in cars and we're looking inside of words; that's
    where crossers like to hide.
Does Primitivo sound like he's not from here?
He might be hiding his true identity in the word "being."
And if you can catch the verb phrase you also capture Primitivo.

#

The crossers continually attempt to hold miracles in their back-
    packs and our job is to find those miracles
and ask the miracles questions like: What was your high school
    mascot?
Is your phone fully charged? Even miracles have phones
and this crosser is someone's charge.
They were fully charged when they left home
but now they're blinking red, no word
on whether they have enough battery to cross the checkpoint

and at the checkpoint Customs personalizes the crossing by
    making a caricature sketch

NOCHE I RECAPTCHA

Vemos a Primitivo antes de que nos vea, a la aduana.
Reconocemos a Primitivo por su paso y es solo en los pasos
    donde lo vemos.
Primero a través de los cuadros de la malla de alambre,
después más cerca. Primitivo, la frontera no se va,
ni siquiera si dejas de pensar en ella.

%

Buscamos en los carros y buscamos dentro de las palabras; ahí es
    donde a los cruzantes les gusta ocultarse.
¿Primitivo se oye como si no fuera de aquí?
Puede que esté escondiendo su verdadera identidad en la palabra
    "ser".
Y si cachas la frase verbal también cachas a Primitivo.

#

Los cruzantes intentan incesantemente atesorar milagros en sus
    mochilas y nuestro trabajo es encontrar esos milagros y ha-
    cerles preguntas a los milagros como: ¿Cuál era la mascota de
    tu escuela secundaria?
¿Tu celular tiene carga completa? Incluso los milagros tienen
    teléfonos
y este cruzante es la carga de alguien.
Estaban completamente cargados cuando partieron de casa
pero ahora titilan en rojo, ni idea
si tienen suficiente batería para pasar el control fronterizo

y en el control fronterizo la aduana personaliza el cruce haciendo
    un boceto de la caricatura

of the crosser driving a bumper car. If you're good at drawing
    faces
but not hands or bodies: put'em in a car!
Well, they have the same chance of crossing in this crudely
    sketched likeness
as they do hidden under blankets in the back of a Daewoo.

#

This crosser is a possession that someone wants but we're not
    sure who
and the crosser must often possess themselves. In perpetuity
weeps the dirty water. But how can water cry into itself?
The water attempts an impossible feat, to carry Primitivo to
    the border. Like a job
tucked away inside of another job. Can you see the Mylar
    blankets
in the images above? How about below? No Mylar there?
    That tells you something.

You're so close to being over the border, just get over it already.

del cruzante manejando un carrito chocón. Si eres bueno
    dibujando caras
pero no manos o cuerpos, ¡ponlos en un carrito!
Bueno, tienen el mismo chance de cruzar en esta similitud
    toscamente bosquejada
como ocultos bajo mantas en la parte trasera de un Daewoo.

#

Este cruzante es una posesión deseada por alguien pero no
    sabemos quién
y el cruzante debe a menudo poseerse a sí mismo.
    En perpetuidad
solloza el agua sucia. Pero ¿cómo puede el agua llorarse a
    sí misma?
El agua intenta una proeza imposible, llevar a Primitivo hasta
    la frontera. Como un trabajo
furtivo en otro trabajo. ¿Puedes ver las mantas Mylar
en las imágenes de arriba? ¿Qué me dices de abajo? ¿No hay
    Mylar ahí? Eso te indica algo.

Estás tan cerca de superar la frontera, ya supérala de una
    buena vez.

NIGHT 2 PRIMITIVO EXITS THE CRYPT

Suck the Texas out of my mouth and then pass Texas into the mouth

of the person behind you in line. They look like they're also
thirsty for Texas.

Crossers get the seconds. Us Customs, The Princes of catch and
release,

get the minutes. You can't take back

what you declared and you also can't take back the crossing

because then you're right back where you started. From custom's
mouth

to the crosser's ear: Language is expensive,

silence is expensive.

#

The caravan of coffins has arrived. There is no way for Customs
to open every coffin,

but they did open the one Primitivo, the undead crosser, was
hiding in.

He went into the casket alive,

crossed the border,

NOCHE 2 PRIMITIVO SALE DE LA CRIPTA

Chupa el Texas fuera de mi boca y luego pasa Texas a la boca

de la persona detrás de ti en la fila. Se les nota que están sedien-
tos de Texas.

A los cruzantes les tocan los segundos. Nosotros Aduanas,
los Príncipes del *catch and release,*

nos quedamos los minutos. No puedes retractar

lo que declaraste y tampoco puedes recular la cruzada

porque entonces regresas directo a donde comenzaste. De la
boca de Aduanas

al oído del cruzante: El lenguaje es caro,

el silencio es caro.

±

La caravana de urnas ha llegado. No hay manera de que Adua-
nas alcance a abrir todas las urnas,

pero sí abrieron esa en la que Primitivo, el cruzante muerto
viviente, se escondía.

Se metió al féretro vivo,

cruzó la frontera,

and came out something like alive.

Primitivo shows his work,

he points to his crossing, "This is my work!"

This lets Customs know he's alive, a simple equation

that only a real crosser could solve. His dollar signs

are also locked away—these crypto exchange rates refuse to stay
in the crypt!

If you listen closely, you can hear exchange rates rattling on the
entrance to the crypt.

We're here to exchange one crosser for another.

Open Primitivo's coffin,

this is where his tales of crypto also reside

and they're the richest narratives, the ones that have come back
to life.

How do you say anything in Spanish? Add an o.

y salió algo como vivo.

Primitivo muestra su obra,

señala el cruce, "¡Esta es mi obra!"

Esto permite que Aduanas sepa que está vivo, una ecuación
    simple

que solo un cruzante verdadero podría resolver. Sus signos de
    dólar

también están encerrados—¡estos tipos de cambio de cripto se
    rehúsan a quedarse en la cripta!

Si escuchas con atención, puedes oír el triquitraque de los tipos
    de cambio en la entrada a la cripta.

Aquí estamos para canjear un cruzante por otro.

Abre la urna de Primitivo,

aquí es también donde sus cuentos de la cripta residen

y son las más ricas narrativas, las que han tenido que volver a la
    vida.

¿Cómo es que dices algo en español? Le añades una o.

NIGHT 5

Language is expensive on the border and the rate of exchange is
    blah blah blah.

You end that sentence for me.

C'mon, Primitivo, finish my sentence for me.
You must know what I'm about to say.

I should get over the border so that I don't think about it while
    I'm making it.

A dried-up crosser found belatedly in the digital desert mocks
    the finder.

\#

these crossers are not spirits yet—

they've only entered their name and uploaded an avatar
and none of us are in the books because no one wrote our name
in *The Book of Heavenly Crossers*, instead we're stuck
working the twenty-four-hour-a-day bilingual hotline
where buses full of poultry workers are calling
because they can't tell the difference between the ghost fence
and the real one they still feel
the invisible tug across their waist as they pass
through the line we tell them the news can't trust us

once we hang up
the voice on the other side becomes what

NOCHE 5

El lenguaje es caro en la frontera y el tipo de cambio es bla bla
    bla.

Termina esa oración por mí.

Dale, Primitivo, termina mi oración por mí.
Debes saber lo que estoy por decir.

Debería superar la frontera para no pensar en ella mientras la
    estoy haciendo.

Un cruzante disecado que ha sido encontrado tardíamente en el
    desierto digital imita al buscador.

#

estos cruzantes aún no son espíritus—

apenas han puesto su nombre y descargado un avatar
y ninguno de nosotros está en los libros porque nadie escribió
    nuestro nombre
en el *Libro de los cruzantes celestiales,* en cambio estamos varados
trabajando la línea directa bilingüe 24-horas-al-día
adonde llaman los buses llenos de trabajadores de polleras
porque no pueden distinguir entre la cerca fantasma
de la verdadera todavía sienten
el invisible tirón por sus cinturas cuando pasan
por la línea les decimos las noticias no se fíen

una vez que colgamos
la voz del otro lado de la línea se convierte en lo que

the fence industry calls a recycled crosser
      who leaves their fake parents for more fake parents
      that's what another crosser told me their necks in pain
      from turning to their desire
         an arrow that can only point up

la industria de la cerca llama un cruzante reciclado

      quien deja sus falsos padres por más padres falsos

      eso fue lo que me dijo alguna vez un cruzante sus cuellos
adoloridos

      de tanto virar hacia su deseo

          una flecha que solo puede apuntar hacia arriba

NIGHT 8 RUN-THROUGHS

in desert training bureaus we sipped from the hands of patrol
their hands tasted like copper and in the office of detainment
we met five migrants but they weren't in the office their future was
a room practiced in screams, er, sorry, screens
and just as the room is rehearsed the crossers are practiced in years
of calling back the person that sent them here if they can find
    their number
but they're so numb from pressing num lock over and over you
    can't FFW the border
    you can only rewind it and every year flashes
      before us as we try and put the film back into the cartridge

NOCHE 8 ENSAYOS

en las agencias de entrenamiento del desierto sorbimos de las
    manos de la patrulla
sus manos sabían a cobre y en la oficina de detención
conocimos a cinco migrantes pero no estaban ahí su futuro era
un cuarto versado en llantos, eh, perdón, en pantallas
y así como el cuarto ahonda en su experticia   los cruzantes
    se hacen peritos de tanto
llamar a la persona que los envió aquí si pueden conseguir su
    número
pero languidecen de tanto presionar Bloq Num una y otra vez no
    puedes adelantar la frontera
      solo la puedes rebobinar y cada año centellea
      mientras ponemos la película de vuelta en el carrete

THE COPYPASTA OF
PRIMITIVA

///

EL COPYPASTA DE
PRIMITIVA

/ / /

SHOULD WE OFFER PRIMITIVA
A JOB?

She's tasted Texas and who can blame her?
She's on top of the world, well, on top of Mexico at least.
Border jobs taste like "You ride or die?" of fence,

Primitiva said to it when she arrived, "I want your job,
how do I get that?" Primitiva, there's filings, triplicates and then
      ground beef
filling in your futures; it comes after the fence.
There's metal-teethed Emmitt's
in El Paso, named after Smith. Do you want to meet them?
Do you want what you think you want? The *fábrica* jungles
the keys, no wait, jiggles. Back in the jungle
is where the origin of Primitiva bites back.
She ran and dripped like jungles wet with rain
to arrive here.

%

What I eat in a day at the border:
The border doesn't have a flag or a state
Cacahuates japoneses, carne seca con tabasco y limón
but it has a language. We summon
crossers? You'll never believe it,
they summon themselves.

¿SERÁ QUE LE OFRECEMOS UN TRABAJO
A PRIMITIVA?

Ha probado Texas y quién puede culparla.
Está en la cima del mundo, bueno, en la cima de México al
    menos.
Los trabajos de frontera saben a "¿Contigo hasta la muerte?" de
    cerca,

Primitiva se lo dijo cuando llegó: "Quiero tu trabajo,
¿cómo lo consigo?" Primitiva, hay archivos, triplicados y también
    carne molida
llenando tus futuros; viene después de la cerca.
Está el Emmitt dientes-de-metal
en El Paso, llamado así por Smith. ¿Los quieres conocer?
¿Quieres lo que crees querer? La fábrica jungla
con las llaves, no, ya va, juega. Allá en la jungla
es donde el origen de Primitiva devuelve la mordida.
Corrió y goteó como selvas empapadas de lluvia
para llegar aquí.

%

Lo que como en un día en la frontera:
la frontera no tiene bandera ni pertenece a un estado
cacahuates japoneses, carne seca con tabasco y limón
pero tiene un lenguaje. ¿Convocamos
a los cruzantes? Nunca lo vas a creer,
ellos solos se convocan.

THE FABRIC OF PRIMITIVA

My quest was to smuggle myself into the border but instead
    found the hiring office.
I asked my boss, Alberto, "How do I smuggle my way into this
    job?"
He warned me of minefields full of searchers; everyone wants a
    job but not everyone steps on one.
On YouTube I heard testimonials of a leg gone, a finger missing.
My station became my home *numero dos*. Home number one
    lived in my dreams, where I have papers,
and my job is to cross the border and I'm good at it.

\#

"Pobrecita," sighed Alberto, "if you can sew this jean story today,
in Juárez, you can sew it tomorrow in Texas.
You're so close to being over the border, just get over it already."

\#

The jobs get to cross and the goods and the gods cross back over
    but Primitiva doesn't.
What Primitiva lacks in border crossing talent, she makes up for
    with her secret talent:
she's a pro at the Juki, combining one piece of distressed bedaz-
    zled denim
with another. Primitiva and Alberto have collected jobs in them-
    selves and their jobs are hidden

LA FÁBRICA DE PRIMITIVA

Mi meta era pasar la frontera de contrabando, pero en su lugar
    encontré la oficina de contrataciones.
Le pregunté a mi jefe, Alberto: "¿Cómo contrabandeo mi
    camino hacia este trabajo?"
Me advirtió del campo minado de buscadores; todo el mundo
    quiere un trabajo pero no todo el

                                      [mundo pisa uno.
En YouTube oí testimonios sobre una pierna desaparecida, un
    dedo perdido.
Mi estación se volvió mi casa número dos. La casa número uno
    vive en mis sueños, donde tengo

                                        [papeles
y mi trabajo es cruzar la frontera y soy buena en ello.

\#

"Pobrecita", suspiró Alberto: "si puedes coser esta historia de
    mezclilla hoy
en Juárez, entonces la podrás coser mañana en Texas.
Estás muy cerca de superar la frontera, ya supérala".

\#

Los trabajos llegan a cruzar y los genes y los bienes vuelven a
    cruzar pero no Primitiva.
El talento que no tiene Primitiva para cruzar fronteras lo com-
    pensa con su talento secreto:
es una pro en la Juki, combinando una pieza desgastada de jean
    con pedrería
con otra. Primitiva y Alberto acumulan trabajos en ellos y sus
    trabajos se ocultan

inside of other jobs. Their insides are all the jobs
they've ever had, piled on top of each other.

\#

Years ago, Primitiva welshed on her agreement with customs to
    tell her story and the story of those waiting
in line at the port of entry. Now, Primitiva cottons on to the
    rhythms of the border wall. On the work floor, she
understands how the polyester and cotton react under the pres-
    sure of her Juki. One time a co-worker, jealous
of her quick ascent up the *fábrica's* ladder, said under her breath
    to Primitiva: "Crosser's baby, Border's maybe."
There's no doubt with Primitiva, we're sure she is the daughter of
    the border because she came out of the border's body.
No border has ever seen a crosser coming out of it and re-
    marked: "*That is not my baby.*"

dentro de otros trabajos. Sus entrañas son todos los trabajos
que han tenido, apilados unos sobre otros.

#

Hace años, Primitiva incumplió su acuerdo con la aduana de
    decir su historia y la historia de esos
esperando en la fila en el puerto de entrada. Ahora, Primitiva
    sabe que no hay nubes de algodón
sobre el muro fronterizo. En la sala de trabajo, ella entiende
    cómo el poliéster y el algodón
reaccionan a la presión de su Juki. Alguna vez, una compañera de
    trabajo, celosa de su rápido
ascenso de escalafones de la fábrica, le dijo a Primitiva a sotto-
    voce: *"Crosser's Baby, Border's maybe."*
No hay duda con Primitiva, estamos seguros de que ella es la hija
    de la frontera porque salió del cuerpo de la frontera.
Nunca una frontera ha visto salir de ella un cruzante y ha dicho:
    "Ese no es mi bebé".

WELCOME TO YOUR LOST CREEPYPASTA, PRIMI

1.
Customs:
There was a crosser named Primitiva
Whose 1986 Dodge Caravan was faster than light
They set out for the border simulator
And returned the previous night.
To come home before you've ever left is to remain unburnt
By the border's sun. The challenge that crossers face
Is to leave their home and at the same time return.

%

2.

# #

At first, I was afraid of telling the story of my jeans.
Many of our pants are legless and thus jobless.

But now I know what Customs wants to hear when we discuss
Everything after the jungle.

Any romance on the *fábrica* work floor is a plus.

%

#

BIENVENIDA A TU CRIPYPASTA PERDIDA, PRIMI

1.
Aduanas:
Había una cruzante llamada Primitiva
cuyo Dodge Caravan del 86 era más rápido que la luz
partieron al simulador de fronteras
y regresaron la noche anterior.
volver a casa antes de que te hayas ido es salir ileso
de las quemaduras del sol fronterizo. El reto que enfrentan los
   cruzantes
es dejar sus casas y al mismo tiempo volver.

%

2.

# #

Al principio tenía miedo de contar la historia de mis jeans.
Muchos de nuestros pantalones no tienen piernas y por lo tanto
   no tienen trabajo.

Pero ahora sé lo que Aduanas quiere oír cuando discutimos
todo después de la jungla.

Cualquier romance en la sala de trabajo de la fábrica es un plus.

%

#

Hide this crosser's note inside

The jeweled denim top. A crosser named Primitiva

Could make "copy" from any old jeans

But the copypasta she wrote

Of the crosser's last note

Was too real too true and now

she bathes in seams.

$

+

Esconde la nota de esta cruzante en

el top de jean con pedrería. Una cruzante llamada Primitiva

podría hacer "copia" de cualquier jean viejo

pero el *copypasta* que escribió

de la última nota del cruzante

fue muy real y muy verdadera y ahora

se baña en costuras.

$

+

THE CROSSER'S MAP OF REMAINS

In exchange for my crossing story I'm given dollar signs/
more time in simulation. At a certain point I want the simula-
    tion to end, I'm not a vampire
who has no choice but to live forever. Yet, I do live on
in the records of customs, just in case I came back to life (a rare
    and mostly impossible feat)
to try and cross again, they'll remember me by my presence in
    the remains
(not deaths) on this map given to all potential crossers:
Don't Come to Simulation and Please, Don't Come Back.

+

EL MAPA DE RESTOS DEL CRUZANTE

A cambio de mi historia de cruce me dan signos de dólar/
más tiempo en simulación. En algún momento querré que la
    simulación termine, no soy un vampiro
que no tiene otra opción que vivir para siempre. Pero sí sigo vi-
    viendo
en los registros de la aduana, en caso de que volviese a la vida (un
    reto inusual y casi imposible)
para volver a intentarlo y cruzar otra vez, me recordarán por mi
    presencia en los restos
(no muertes) en este mapa que le dan a todo cruzante en poten-
    cia:

No vengan a la simulación y, por favor, no regresen.

+

YOU LOVE EMBLEMS AND
FLAGS, DON'T YOU, PRIMITIVA?

The flag of the border is its fence!
It's the longest flag you've ever seen,
rippling across the border.

Where do all your fences live?

All my fences live in Texas.

TE ENCANTAN LOS EMBLEMAS Y LAS BANDERAS, ¿VERDAD, PRIMITIVA?

¡La bandera de la frontera es su valla!
Es la bandera más larga que jamás verás,
ondulando a lo largo y ancho de la frontera.

Te vas porque yo quiero que te vayas.

A la hora que yo quiero te detengo.

PEOPLE WHO WORK HERE
DON'T WORK HERE

The hook timing was off on my Juki
but my Brother was roiling. In the spirit of secrets,

let me tell you—I overheard my supervisor spit to her boss:

"Where were you while we were getting high on bilingual employees?"
Another scraper comes off the molder in the *maquila* next door.

I was hired here, at the *fábrica*, because I could receive a pronun-
    ciation. The border my boss
never apologizes because the border wants
what the border wants: crowds combed
with guest-host workers waiting in line. We're dial tones. My
    boss says
all work's tied up in the wreath of our times. And the wreath is
    me, Primitiva. I'm a visual

story sold by the manufacturer. A maquila needs fiction to run.

So they need my story, duh.

#

My story is one where I'm with the caravan
and my job's to find one's (loves'/enemies'/frenemies') bags of stuff
(toothpaste, Pedialyte, deodorant).

LA GENTE QUE TRABAJA AQUÍ
NO TRABAJA AQUÍ

El gancho de mi Juki se desincronizó,
pero mi Brother rodaba. En el espíritu de los secretos,

déjame decirte—Escuché de refilón a mi supervisor escupirle a
    su jefe:

"¿Dónde estabas tú mientras nos poníamos una mota con em-
    pleados bilingües?"
Otro raspador sale de la moldeadora en la maquila de al lado.

Me contrataron aquí, en la fábrica, porque podía recibir una pro-
    nunciación. La frontera mi jefa
nunca se disculpa porque la frontera quiere
lo que quiere la frontera: multitudes mezcladas
con *guest-host* trabajadores esperando en fila. Somos tonos de
    marcación. Mi jefa dice
todo trabajo se anuda a la corona de nuestro tiempo. Y la corona
    soy yo, Primitiva, soy una historia

visual vendida por el fábricante. Una maquila necesita ficción
    para operar.

Por eso necesitan mi historia, dah.

#

Mi historia es una donde estoy con la caravana
y mi trabajo es encontrar las bolsas con las cosas (pasta de dien-
    tes, Pedialyte, desodorante)
de uno (y del amante/y del enemigo/y del eneamigo).

I particularly want to highlight the roll-on, the stick, the *pasta de dientes*.
My friends care about their salt, their smell, there, there.

#

I can't offer you solstice. No, solace. So please, don't cry inside me again.
Customs lets you into the simulation if you're polished inside and out.

This crosser's inside is unpolishable because it's a room the crosser can't find.
No map to guide her through the shores of dusk at the border.

Many have tried to find the I.D. office within. I've heard of stories, years of dust
collecting in the passport room.
       I'm the crosser and the room I live in

has two entrances. A situation that's been imprinted on me and here's the situation: I can't write a border
better than the real border.

I'm instructed by Customs to open the room
that is easiest to access in my mind's eye
and my mind's eye is a car show from *Robaron Fest*. You can steal time
but please never buy it. Customs will give you so much time that you won't have any of it.
Customs talks and talks in the kiosk about the same landscape
a *fábrica* that skirts and preys on wages. Those dollar signs are the fabric that our skirts are made of.

Yo particularmente quiero resaltar el *roll-on* y el en barra, la pasta
de dientes.
A mis amigos les importan sus sales, su aroma, tú sabes, ahí, ahí.

#

No puedo ofrecerte cielo. No, consuelo. Así que por favor no
llores otra vez dentro de mí.
Aduanas te permite entrar en simulación si estás pulido por den-
tro y por fuera.

El adentro de esta cruzante es impulible porque es un cuarto que
la cruzante no encuentra.
No hay mapa que la guíe por las costas del ocaso en la frontera.

Muchos han intentado encontrar la oficina de identificación
adentro. He escuchado historias, años de acumular polvo en
el cuarto de pasaportes.
                                        Soy la cruzante y el cuarto
donde vivo

tiene dos entradas. Una situación ha marcado huella en mí y esta
es la situación: No puedo escribir
                                        [una frontera
mejor que la frontera real.

Aduanas me instruye que abra el cuarto
de más fácil acceso a mi imaginación
y mi imaginación es un show de carros de *Robaron Fest*. Puedes
robar tiempo
pero no lo compres nunca por favor. Aduanas te dará tanto
tiempo que ni lo probarás.

We make the fabric, we make the landscape and then, we make
    the day. All day you're on the line

and you have to live in other people's thoughts.

%

There's more truth and untruth about the border

simulator. You see what's in the headset and it tells you more
    and less about your I.D.

You bring a camcorder into the *maquila* so that later you can
    relive your dissonance.

Whoops, *relieve* your dissonance. It's hard to tell.

How is it possible to subtract from yourself and then add to yourself?
The past, like the border, is its own country.

How can you feel so hungry and full at the same time?

I'll have to quit. Other people's thoughts
are the Juki's I'd love to drop off. In the past

our I.D. cards were decorative. Now we switch off with someone else,
another worker who will wipe the serenade from our eyes.

Aduanas habla y habla en el quiosco sobre los mismos paisajes,
una fábrica que faldea las presas y las pagas. Estos signos de
dólar son la tela de la que están hechas nuestras faldas.
Hacemos la tela, hacemos el paisaje y luego, hacemos la jornada.
Te pasas el día en la fila

y tienes que vivir en el pensamiento de otros.

%

Hay más verdades y no-verdades sobre el simulador

de fronteras. Chequeas el auricular y te dice algo sobre tu identi-
ficación.

Traes una videocámara a la maquila porque luego puedes revivir
tu disonancia.

Uups, *aliviar* tu disonancia. Es difícil saber la diferencia.

¿Cómo es posible sustraerte de ti y luego a ti añadirte?
El pasado, como la frontera, es su propio país.

¿Cómo puedes estar tan hambrienta y llena al mismo tiempo?

Tendré que renunciar. Los pensamientos de otros
son la Juki de la que me encantaría desprenderme. En el pasado

nuestras tarjetas de identificacón eran decorativas. Ahora, nos
cambiamos con alguien más,
otro trabajador que nos borrará la serenata de los ojos.

THE WORKING MAJORITY AND THE
MAJORITY WORKING WILL NEVER RETIRE

We'll die before we retire but we love work and cleaning and we
    will never end, our work will go on. Near, Pharr, wherever
    you are, I know that my work will go on. Past the border
    where someone else will wear the bedazzled jeans I sewed
    but my body will stay on this side. My voice also crossed
the border, without me, and spoke back to me, "I just wanna buy
    some pants. The ones you made."
It was at the *fábrica* where I learned that seams last longer than me.

LA MAYORÍA TRABAJADORA Y LA MAYORÍA
QUE TRABAJA NUNCA SE VAN A JUBILAR

Nos va a llegar la muerte primero que la jubilación pero nos
encanta el trabajo y la limpieza y nunca terminaremos,
nuestro trabajo continuará. *Near, Pharr, wherever you are,*
I know that my work will go on. Más allá de la frontera donde
otra persona cargará los jeans con pedrería que yo cosí pero
mi cuerpo se quedará en este lado. Mi voz también cruzó
la frontera, sin mí, y me dijo: "No más quiero comprar unos
pantalones. Esos que haces tú".
Fue en la fábrica donde supe que las costuras duran más que yo.

IT'S BORDERS ALL THE WAY DOWN FOR ALBERTO. HE'S A BLIND item in that, he talks about people working at the *fábrica* but never says their name. His job is to not name names but to name jobs. He knows, like everyone who works here knows, that the border employs from the grave. The border has passed but still employs our world. Would we have it any other way? We don't know. There's a hidden office in the *fábrica* that feels like a grave, where applications go to die. But the border can resurrect these applications. That's also Alberto's job.

He's asked by colleagues how the border works, but he blanks on how the border works, it just does. These same colleagues tell Alberto that they saw someone at the checkpoint who looked exactly like him, in line. It could have been a cousin from Delicias or a lost fraternal twin. After all, they are the country stuck in the city. They came from the country, they made an appointment, and kept it.

Primitiva is late for her appointment because Customs is checking Primitiva's papers. A confessor without a confession. She walks into the little kiosk with them but only Customs leaves. The border has issued pull requests for some specific frequent crossers, like Primi. She's stared at the fence for hours and this is what she sees when she closes her eyes: #. Primitiva quickly opens her *ojitos* because she needs to concentrate on what will help her pass; anything else can be cast off. Alberto cannot be cast off. Before she crosses, Primitiva tosses receipts and wrappers from her backpack to the side of the fence, anything that might impede her passing. And this debris at the intersection decorates the wait times.

Primitiva sweat and slalomed through the jungle of the Yucatan to get here, the city in the desert. "You run and drip like jungles wet with rain," she chanted to herself before she began her

SE MIRAN SEGUIDO POR EL *FREEWAY*

PARA ALBERTO ES FRONTERAS HASTA ABAJO, HASTA EL IN-
finito. Él es una fuente anónima en el sentido de que habla sobre
la gente que trabaja en la fábrica, pero nunca dice sus nombres. Su
trabajo es no nombrar nombres, sino nombrar trabajos. Él sabe,
como todo el mundo que trabaja aquí, que la frontera emplea
desde la tumba. La frontera ha fallecido pero todavía emplea
nuestro mundo. ¿Sería de otra manera? No sabemos. Hay una
oficina escondida en la fábrica que se siente como una tumba,
donde las solicitudes van a morir. Pero la frontera puede hacerlas
resucitar. Eso también es el trabajo de Alberto.

Los colegas le preguntan cómo es que funciona la frontera,
pero queda mudo ante la pregunta, simplemente funciona. Estos
mismos colegas le dicen a Alberto que vieron a alguien igualito
a él en el control fronterizo, haciendo la fila. Pudo haber sido un
primo de Delicias o un hermano gemelo perdido. Después de todo,
son el campo atascado en la ciudad. Vinieron del campo, hicieron
una cita y la cumplieron.

Primitiva va retrasada a su cita porque Aduanas está revisando
sus papeles. Una confesora sin confesión. Camina con ellos al
pequeño quiosco pero Aduanas se va. La frontera ha emitido so-
licitudes de retirada para algunos cruzantes específicos, como
Primi. Se ha quedado mirando la cerca por horas y esto es lo que
ve cuando cierra sus ojos: #. Primitiva rápidamente abre sus ojitos
porque necesita concentrarse en lo que la ayudará a pasar; todo lo
demás puede soltarse. Alberto no se puede soltar. Antes de cruzar,
Primitiva tira hacia la cerca recibos y envoltorios que estaban en
su bolso, cualquier cosa que pudiera impedirle el paso. Y estos
escombros en la intersección decoran los tiempos de espera.

Primitiva sudó y zigzagueó por la selva de Yucatán para llegar
aquí, la ciudad en el desierto. "Corres y goteas como selvas empa-
padas de lluvia", cantaba para animarse antes de comenzar su

quest with the caravan. Primitiva sprang out of a renowned pathway to citizenship. This path was at one time less thorny and more renowned. What Primitiva has learned about *la frontera* is that no matter where you turn you can find the border trying to replicate its crisis. The border is a difficult answer to question. This is clean up and dry cleaning; we already have the answers to the question. The problem in the TV show called *The Border Is Vague at Its Boundaries* is that no one knows where the caravan is. Actors join the group of ride or die-ers and their theme song is "Put Your Hand Inside the Puppet Head."

Dear crosser,

    daily, Primitiva steps into the darkness and then back into
    the light.

Dear crosser, I've learned I love addressing you.

    The only way to live at the border is to exist

and then not exist. "Guys, the border is definitely going to happen,"

                says Primitiva to the other crossers waiting in line.

What she doesn't yet know, is that the border traps you into
    solving the wrong problem.

It accuses you of committing the crime it's committing, you of
    landing what it's lording.

The *fábrica* needs Primitiva and others like her to cross. The *fábrica* also needs her small hands and it's great being wanted
    for a change.

    Another passage of advice, handed down, was: "This job will stage a play you've already seen." Just like you already know what to say at the checkpoint, Customs does the same. They've practiced a lot of crossing scenarios and at this point it's like loosely sketched improv hour. Customs sort of knows what you're going to say because there's only so much you can say. Only a few possible statements like "My high school mascot was the Riverside Rangers."

marcha con la caravana. Primitiva saltó de una reconocida vía para la ciudadanía. Esta vía fue alguna vez espinosa y más reconocida. Lo que Primitiva aprendió sobre la frontera es que sin importar a dónde voltees, podrás encontrar la frontera intentado replicar su crisis. La frontera es una respuesta difícil de preguntar. Esto es lavado y lavado al seco; ya tenemos las respuestas a la pregunta. El problema en el programa de TV que se llama *The Border Is Vague at Its Boundaries* es que nadie sabe dónde está la caravana. Los actores se unen al grupo contigo-hasta-la-muerte y su canción temática es "Mete la mano en la cabeza del títere".

Querido cruzante:

> diariamente Primitiva se adentra a la oscuridad y luego de vuelta hacia la luz.

Querido cruzante, he aprendido que me encanta dirigirme a ti.

> La única manera de vivir en la frontera es existir y luego no existir. "Gente, la frontera definitiva-mente va a pasar",
>
> le dice Primitiva a los otros cruzantes esperando en la cola.

Lo que ella no sabe todavía es que la frontera te pone la trampa de hacerte resolver el problema equivocado. Te acusa de cometer el crimen que está cometiendo, a ti de terrear de lo que es teniente. La fábrica necesita que Primitiva y otros como ella crucen. La fábrica también necesita sus pequeñas manos y se siente bien ser deseada para variar.

Otra recomendación dada en el camino fue: "Este trabajo es-cenificará una obra que ya has visto". Así como tú sabes ya qué decir en el punto de control, Aduanas también lo sabe. Ha practi-cado muchas escenas de cruce y a estas alturas es como una hora de improvisación vagamente organizada. Aduanas sabe más o menos lo que vas a decir porque no hay mucho que puedas decir

Primitiva is eager to relate this story to her new employer: "Once, a custom asked me why I was shaking as I handed him my I.D. 'Don't know, guess I'm nervous,' I said. Somehow this triggered the choose-your-adventure part of the border and I chose the less desirable road, but by accident! I was only crossing amplifiers and drum machines, what would at worse have gotten me a ticket, I was told. Now, I'm detained and in the holding cell I think, how many times has he asked someone, 'Why is your hand shaking?'"

Primitiva is hungry for a new script or at least some new staff writers to this overwrought scene at the border.

She discovered the entry-level position she now occupies through buscanjobs.com. Every day there were nimble posts looking for nimble hands and Primitiva has two. Buscanjobs.com advertised a way out of the jungle. She put in a fake name and trolled for work. Her place of work was randomly selected out of twelve different search results. Alberto was on the other side of this first DM and so, Alberto could usher Primitiva through Mexico with words. A promise was her passage.

Customs tells Primitiva: "A crosser was still loading and requested we remove the border from Texas and remove the border from Chihuahua but whoa whoa whoa, it's difficult to be the first to renounce the border." The crosser behind Primitiva in line tells her: "I feel like a zombie because I've tried to enter the job market so many times, but I'm always returned but I keep coming back trying to eat the flesh of the border." Primitiva says under her breath to herself: "I can't believe I'm in the zombie line, the undead line. I was supposed to wrangle into the still-breathing crossers' line." It's Customs' spotlight that expects you to affirm the "zombie truth" that you are not a zombie, yet! That crosser that passed through here a few days ago? *Ya es Zombi.* The crosser is the truth and the light and just like J. Cristo, they've risen again. The undead are a symptom of the border because what Customs

tampoco. Solo unas pocas posibles declaraciones como "La mascota de mi escuela secundaria eran los Riverside Rangers".

Primitiva está ansiosa por contarle su historia a su nuevo empleador: "Una vez un oficial de Aduanas me preguntó por qué temblaba cuando le pasé mi tarjeta de identificación. 'No sé, supongo que estoy nerviosa', le dije. De algún modo esto activó la parte escoge tus batallas en la frontera y escogí el camino menos deseado, ¡pero por accidente! Apenas cruzaba amplificadores y cajas de ritmos, que en el peor de los casos me habría costado una multa, me dijeron. Ahora, detenida en la celda, pienso: cuántas veces él le habrá preguntado a alguien: '¿Por qué te tiembla la mano?'"

Primitiva tiene una secreta avidez por un guion nuevo o al menos algún escritor nuevo para esta trillada escena en la frontera y la frontera está ávida de relatos como los suyos.

Ella descubrió la posición nivel de entrada que ahora ocupa en buscanjobs.com. Todos los días había hábiles avisos buscando hábiles manos y Primitiva tiene dos. Buscanjobs.com publicitaba la salida de la selva. Se puso un nombre falso y troleó para trabajar. Escogió su lugar de trabajo al azar entre doce resultados de búsqueda diferentes. Alberto estaba al otro lado del primer mensajito de texto y así Alberto la pudo guiar por México con palabras. Una promesa era su pasadizo.

Aduanas le dice a Primitiva: "Un cruzante todavía estaba cargando y pidió que quitáramos la frontera de Texas y que quitáramos la frontera con Chihuahua pero guao guao, es difícil ser el primero en renunciar a la frontera". El cruzante en línea detrás de Primitiva le dice: "Me siento como un zombi porque he intentado entrar en el mercado laboral tantas veces pero siempre me devuelven pero sigo regresando intentando comerme la carne de la frontera". Primitiva se dice a sí misma en voz baja: "No puedo creer que esté en la fila zombi, la de los muertos vivientes. Se suponía que yo debía entrar en la fila de los cruzantes todavía respirantes".

does is to continually move the border so that you never know if you've actually crossed or not. They show you a video of you crossing and though you don't remember this moment, it must have been you, it looks just like you. This is when Primitiva realized that she may be the undead certitude, we'll see. The facts about the border are zombies. We throw them back to the south, but they keep arriving at our door. The crosser advances funeral by funeral. The zombie truth walks among us! Noun, verb, Primitiva and Alberto. Another horse to ride on.

"WE'VE REACHED THE END of the border, the end of the ride," says customs to Primitiva: "Once you're employed, all flesh must cut and run. Here's a tip: Don't keep that skin lying around or else it's bound to get fried. *Chicharrones, chichis negras,* we love it all." There's a sound of cans clanking together on the other side of the fence, Primitiva can't see what or who is making the sound. It sounds like the clanging of glass Coca-Cola bottles? "We're in the dark till we're not," Primitiva tells her past, present, and future employer, the border. "My dream is to one day start my own pastry place. A bottomless pit of eclairs. Send me to pastry purgatory for my sins." Primitiva and Alberto sinned when they ushered themselves here instead of using the ferryman, the *coyotes.*

In the past, crossers would use Charons but now they are their own ferrymen through the desert caravans. They usher themselves while listening to Usher. (Did you know Nico Muhly wrote "Climax"?) Alberto listens to *Akhnaten* in the break room. He sent himself to the border and has always wanted a job that was all his own. A job he wouldn't have to share or work only part-time. Primitiva is ready to work for any wage because it's worth that climbs her and this is what Alberto recognizes in her, his worth. But really, what are these crossers worth? Why couldn't we purchase someone else's story? Is it worth it to look for another

Es el foco de Aduanas que espera que afirmes la "verdad zombi" de que no eres un zombi, ¡todavía! ¿Ese cruzante que pasó por aquí hace unos días? Ya es Zombi. El cruzante es la verdad y la luz y al igual que J. Cristo, resucita. Los muertos vivientes son un síntoma de la frontera porque lo que hace Aduanas es mudar la frontera a cada rato para que nunca sepas si de verdad cruzaste o no. Te muestran un video tuyo cruzando y aunque no recuerdas ese momento, tuviste que ser tú, se parece a ti, igualita. Es entonces cuando Primitiva se da cuenta de que puede ser la certeza no-muerta, veremos. Los hechos de la frontera son zombis. Los tiramos de vuelta al sur, pero siguen llegando a nuestra puerta. El cruzante avanza funeral por funeral. ¡La verdad zombi camina entre nosotros! Sustantivo, verbo, Primitiva y Alberto. Otro caballo para montar.

"HEMOS LLEGADO AL FINAL de la frontera, el final del paseo", le dice Aduanas a Primitiva: "Una vez que te empleen, toda carne debe cortar y correr. Un consejo: no dejes esa piel por ahí porque termina frita. Chicharrones, chichis negras, nos encanta todo". Se oyen unas latas repiqueteando entre sí al otro lado del muro, Primitiva no puede ver qué o quién produce el sonido. Se oye como el sonido metálico de botellas de vidrio de Coca-Cola. "Estamos a oscuras hasta que ya no estamos", Primitiva le dice a su pasado, presente y futuro empleador, la frontera. "Mi sueño es montar algún día mi propia pastelería. Una cantera infinita de eclairs. Que me manden al purgatorio pastelero por mis pecados". Primitiva y Alberto pecaron al transitar juntos hasta acá sin la ayuda de un barquero, los coyotes.

En el pasado los cruzantes usaban Carontes, pero ahora contratan a sus propios barqueros en las caravanas del desierto. Mientras se abren camino quieren escuchar "Querida" de Juan Gabriel (En vivo desde Bellas Artes). Alberto escucha *Ahknaten*

crosser? Who will wipe the serenade from *my* eye? There's no guarantee to the border, what type of crosser they are getting.

Some people think these crossers deserve a spank, but Primitiva didn't cross her employer, the employer crossed her! You'll see a flood of corpses when the border is first opened and these corpses are the least privileged among us, not even the privilege to breathe the dry desert air. You are unaware of the corpse flooding when the border first floods. It usually starts as a trickle of bodies, *por el freeway*. It's scary to join the *maquila* at first. No one wants to be first against the border wall. The idea of a crosser is a 4x4 craft through the dunes. And it's the idea of the crossers that keeps Alberto employed. He earns slipped wages. The way it works is like a slip and slide, but there's money that lubricates the way instead of water. There is money to help our passage and smooth the language, the keys, and the warlocks of the border fence. Customs summons you and you must arrive, there's no other option into the portal of Portales, NM.

It's not worth it to check all the crossers, some you have to let by and roll the dice and hope it comes up snake eyes. Not the first snake the crosser or Customs has encountered on this journey. The jobs never stop arriving and our jobs will outlive us. We'll be in heaven, looking down at our jobs and admiring their efficiency and order.

Customs needs to sacrifice some crossers to the kiosk. How would we know they are doing their job unless they send someone away? You might be able to get to Mexico but into the US is another story. This is your story, for now, so don't abandon it. Hold it tight so that you know what to say when asked to declare your skin-story. I'm only eating the skin, so the city is up for grabs. We are running out of city but luckily there's more desert that can become city. Look all around us! Desert for miles. Most crossers only eat the skin of the city. The desert skin sticks to me, I have an extra layer of skin. No way! *Güey!*

en la sala de descanso. Él mismo se lanzó a la frontera y siempre ha deseado un trabajo todo suyo. Un trabajo que no tuviera que compartir o un trabajo solo a medio tiempo. Primitiva está lista para trabajar por cualquier salario porque es un valor que ascenderá y eso es lo que Alberto le reconoce a ella, su valor. Pero ¿cuánto es que valen estos cruzantes realmente? ¿Vale la pena buscar otro cruzante? ¿Quién me secará la serenata de *mi* ojo? No hay garantía para la frontera sobre el tipo de cruzante que les llega.

Algunas personas creen que estos cruzantes merecen una nalgada, pero Primitiva no cruzó a su empleador, ¡el empleador la cruzó a ella! Vas a ver un torrente de cadáveres cuando abran por primera vez la frontera y esos cadáveres son los que tienen menos privilegios entre nosotros, ni siquiera el privilegio de respirar el seco aire del desierto. No te das cuenta de la inundación de cadáveres cuando la frontera comienza a inundarse. Usualmente empieza con un chorrito de cuerpos, por el *freeway*. Da miedo empezar en la maquila. Nadie quiere ser el primero contra el muro fronterizo. La idea de un cruzante es una nave 4x4 atravesando las dunas. Y es la idea de los cruzantes que mantiene a Alberto empleado. Gana sueldos escurridizos. Funciona como un tobogán, pero el dinero lubrica el camino en vez del agua. Hay dinero para ayudar nuestro avance y suavizar el lenguaje, las llaves y los magos de la valla fronteriza. Aduanas te convoca y debes llegar, no hay otra opción para entrar en los portales de Portales, NM.

No vale la pena revisar a todos los cruzantes, hay que dejar pasar a algunos por la aduanera y tirar los dados y esperar que salgan ojos de culebra. No será la primera culebra que el cruzante o Aduanas se habrá encontrado en su camino. Los trabajos no dejan de llegar y los trabajos nos sobrevivirán. Estaremos en el cielo, mirando desde ahí nuestros trabajos y admirando su orden y su eficiencia.

Aduanas necesita sacrificar algunos cruzantes en el quiosco. ¿Cómo sabemos si están haciendo su trabajo si no devuelven a

I'd like to forget the events of yesterday. Can you forget them for me, Customs? We hollywood out, sorry, hollow out, the border wall so we could hide things inside it. I put my passport and my sister put her worker's I.D. card inside the border wall. We will return to fetch them once we've been fetched. It's a never-ending fetch fest here at *la frontera* and I'm here to ride it till I'm bucked off. I'm like a buck drowning in brine when I'm asked to speak in an English accent.

Primitiva murmurs "Chico del apartamento 512" in line and remembered all the *baile's* friends and cousins. Primi's friends and cousins who have tried to get to the desert in the city have passed on, they didn't make it, and she keeps a bit of each of their ashes in one of those urn necklaces so any time she sings, her friends shake, rattle, and roll around her neck.

The border is a *continuing* compromise for Alberto and Primitiva. Every border, another trade-off. We traded our savings for passage and at a certain point in the journey we're on our own.

We were soaked in the spotlight of Customs. Now, back in their kiosk, through a crack in the holding cell I could see the guards who dried us, sending us back to dark, hidden. Us return-crossers always find a way to escape the crypt and we also came from a place of crypto exchange rates. How do you say anything in Spanish? Add an o. And thus, the birth of crypto-currencies was inspired by the crypt-escaping crosser. And someone escapes every day. Did you know that there's two types of people at the border? There are those who have crossed and those who one day will? and it is this collection of bodies that created the border. Body wall, uhm, border wall? Where are you? These intersections move in horror dollars and it's the crossers' faces on the dollar of horror.

nadie? Tal vez se pueda llegar a México, pero llegar a los Estados Unidos es otro costal. Esta es tu historia, por ahora, así que no la abandones. Agárrate duro para que sepas qué decir cuando te pidan declarar la historia de tu piel. No me como el pellejo, así que la ciudad está disponible. La ciudad se nos acaba, pero afortunadamente hay más desierto que puede mutar a ciudad. ¡Mira a nuestro alrededor! Hay desierto pa' rato. La mayoría de los cruzantes solo se comen el pellejo de la ciudad. La piel del desierto se me pega, tengo una capa de piel extra. ¡*No way*, güey!

Me gustaría olvidar los eventos de ayer. ¿Puedes olvidarlos por mí, Aduanas? Le acabamos el ego, perdón, le cavamos un hueco al muro fronterizo para poder esconder cosas adentro. Yo puse mi pasaporte y mi hermana puso su identificación del trabajo dentro del muro. Volveremos para pasarlas buscando cuando nos hayan pasado a buscar. La frontera es un festival sin fin de idas a buscar y aquí estoy para montarla hasta que me sacuda de su lomo. Soy como un lomo ahogándose en salmuera cuando me piden hablar en lengua inglesa.

Primitiva murmura en la cola "Chico del apartamento 512" y recuerda a todos los amigos y primos del baile. Los amigos y primos de Primi que han intentado llegar al desierto en la ciudad han fallecido, no lo lograron, y ella conserva un poquito de sus cenizas en uno de esos collares urna y por eso cada vez que ella canta ella canta, sus amigos vibran, se zarandean y jaranean con su voz.

La frontera es un ceder continuo para Alberto y Primitiva. Por cada frontera, una concesión. Concedimos nuestros ahorros para pasar y en un punto del viaje quedamos de nuestra cuenta.

Llegamos empapados al foco de Aduanas. De vuelta en sus quioscos pudimos ver los guardias que nos secaron, enviándonos de vuelta a lo oscuro, lo oculto, pero nosotros los recruzantes siempre encontramos la forma de escapar de la cripta y también venimos de un lugar de tasa de intercambio de cripto. ¿Cómo es

%

que dices algo en español? Ponle una o al final. Así el nacimiento de las cripto-monedas se inspiró en los cruzantes cripta-prófugos. Y alguien se escapa todos los días. ¿Sabías que hay dos tipos de persona en la frontera? Están los que han cruzado y los que algún día cruzarán y es una colección de cuerpos lo que ha creado la frontera. Muro calavera, ehh, ¿muro de frontera? ¿Dónde estás? Estas intersecciones se mueven en horrores dólares y son las caras de los cruzantes en el dólar del horror.

THE BORDER SIMULATOR

The only thing sure in *this* world is death and Texas.

The word crosser turtles in the throat of Customs

while a worker steers other workers. She's someone to drive the car

and sigh a co-worker's name, "Primitivo."

Customs is deeply invested in watching Primitivo cross the border

once a night. Always a night; some closed-eye visual.

The Border Simulator? More like border see you later.

Were you pure of heart when you wrote this thing, or what?

EL SIMULADOR DE FRONTERAS

Lo único seguro en *este* mundo es la muerte y Texas.

Aduanas se atraganta con la palabra cruzante volcada sobre
su lomo

mientras una trabajadora conduce a otros trabajadores. Es la que
maneja el carro

y suspira el nombre de un compañero de trabajo: "Primitivo".

Aduanas se empeña en ver a Primitivo cruzar la

frontera una vez por noche. Siempre de noche; una visión extra
ocular.

¿El simulador de la frontera? Más bien algo como el fín de
una era.

¿Eras puro de corazón cuando escribiste esto, o qué?

I ca
    a
      aa   a

              an't
     W r
          i

          i
            i ii i ite aa a a a a
            Border
      Be
          ee eett   an the Reall ll lllll ll ll l l Border
            t tterTh
                    h   h
                 h h
                    h   h
                  h

Primitiva was born into a parody life.
A life that pretends to be her with fake layers of skin that bulge
    with extra organs.

#

There's a Primitiva-shaped hole in every fence.
And thus, Primitiva feeds herself to the perfect fit, her fence.
At this point on the map, all the world's a border
and in this one, Primitiva is painting nature
but nature looks a lot like a border checkpoint. She paints
one crosser on the bridge but doesn't like the likeness.
She tries to paint over, and erase a crosser
but then two more arrive in their place.

A hydra-inspired canvas of caravans
that's doing their best to stay hydrated.
In the dry desert air you can lose all your salt
even if you're salt of the earth.
They say Primitiva is salt of the earth
and yet she continues to lose her salt.

```
No pue
       e
         ee    e


                       do
   E s c r
         i
            i
              i ii bir  uunaa a a a  a
              frontera

   Me
           ee  eejj
              j  jjorQu                          la frontera ver  rrda dd d d dee eeraaa
                        e         e
                          e e
```

Primitiva nació en una parodia de la vida.
Una vida que pretende ser ella con falsas capas de piel que sobre-
    salen con órganos extra.

\#

Hay un hueco con la forma de Primitiva en cada valla,
y por eso Primitiva se alimenta para tener la medida perfecta, la
    de su valla.
En este punto del mapa el mundo entero es una frontera,
y en este punto Primitiva pinta la naturaleza
pero la naturaleza se parece mucho a un puesto de control fron-
    terizo. Ella pinta
un cruzante en el puente pero no le gusta la similitud.
Intenta pintarle encima y borrar al cruzante
pero luego dos más llegan en su lugar.

Un lienzo de caravanas inspirado en la hidra
que hace lo posible para mantenerse hidratada.
En el seco aire del desierto puedes perder toda la sal
incluso si eres sal de la tierra.
Dicen que Primitiva es la sal de la tierra
y aun así ella sigue perdiendo su sal.

SOMEHOW, YOU'VE BEEN ABLE TO SEPARATE
  YOURSELF FROM YOURSELF

Where are the jobs? In the desert?
You know that place. Your body tells you
not to and yet, you cross, you cramp. Is this the mind
leading the body? You'll have to woo
Customs if you want to livediework in the border simulator.
You already livediework at the meatfábrica. It's all
one and the same here (here is the desert,
here is the steeple), it's like your shampooconditioner,
two in one. But that doesn't make sense, how can two fit into one?
(Have you heard this one before?) Wouldn't the bottle overflow
with foamy conditioner? Yes! That's what the conditions are
    like here
two crossers trying to squeeze through one port of entry,
and their papers flow out their gills.
No te creas. They can't become fish,
even though this desert was once littoral
(you can see water rings on the mountain). It's literal
sand that this meatfábrica was built on.

#

I promise, I can't fábricate a lie.
I know the denim fabric I use to make your bedazzled jeans, so well.
I sewed my name and number on the inseam.
If found, come get me.

DE ALGÚN MODO, HAS PODIDO SEPARARTE
   ## DE TI

¿Dónde están los trabajos? ¿En el desierto?
Conoces ese lugar. Tu cuerpo te dice
no y aún así cruzas, te acalambras. ¿Es esta la mente
conduciendo el cuerpo? Tendrás que lisonjear
Aduanas si tienes que vivirmorirtrabajar en el simulador
      de fronteras.
Ya vivesmuerestrabajas en la carnefábrica. Todo está
en un mismo lugar, (aquí está el desierto,
aquí está el campanario) tal como tu champúacondicionador,
dos en uno. Pero eso no cuadra, ¿cómo pueden caber dos en uno?
(¿Habías escuchado esto antes?) ¿La botella no se desparramaría
con la espuma del acondicionador? ¡Sí! Así es como son aquí las
      condiciones,
dos cruzantes tratando de colarse por un puerto de entrada,
y sus papeles fluyen por sus branquias.
No te creas. No se pueden convertir en peces,
aunque el desierto haya sido alguna vez un litoral
(puedes ver anillos de agua en la montaña). Es literalmente
arena sobre la que se construyó esta carnefábrica.

#

Prometo que no puedo fábricar una mentira.
Conozco muy bien la mezclilla que uso para hacer tus jeans
      de pedrería.
Cosí mi nombre y número en la costura.
Si lo encuentra, venga a buscarme.

DEAR FELLOW
CROSSER

/ / /

QUERIDO COMPAÑERO
CRUZANTE

/ / /

PROCESSING FEE IS *MAQUILA* IN SPANISH

That's not a great translation
but how else would Primitivo get here,
except through poor translation?
Some crossers have boats to put themselves in
but Primi only has his words. He keeps his goodbyes
in storage, he might not return
and his family is instructed to take the goodbyes out of storage
if they don't hear from him after 2 years. In the *casa de cambio*
the peso is reincarnated
and comes back to life
as a dollar sign.

Primi has also passed on; his narrative
now belongs to his final resting place,
the place where he never got to rest, the *maquila*.
Crossers like him are pulled to the border by their own weight
while the boss sprays them with coins. Peso after peso, amen.
These are false employees
because they're under the table;
sort of like a false door. I live in other workers' thoughts

and that's why in my beginning you can find my middle
     and end.
It's all narratives but I can't see them. Privately,
I'm told there is a void where I only exists
in private formats.

It's a visual story the *fábrica* tells
of its employees' clothes: "Their smocks, their jeans,

PROCESSING FEE ES "MAQUILA"
EN ESPAÑOL

Esa no es una buena traducción
pero ¿de qué otra manera llegaría Primitivo hasta aquí
si no es por una mala traducción?
Algunos cruzantes tienen botes donde se montan
pero Primi solo tiene sus palabras. Guarda sus adioses
en un depósito, quizás no regrese
y su familia tiene la instrucción de sacar los adioses del depósito
si no tienen noticias de él por dos años. En la casa de cambio
el peso reencarna
y vuelve a la vida
como un signo de dólar.

Primi también falleció; su narrativa
ahora le pertenece a su lugar de descanso final,
el lugar donde nunca descansó, la maquila.
Los cruzantes como él caen a la frontera por su propio peso
mientras el jefe los salpica con monedas. Peso tras peso, amén.
Estos son empleados falsos
porque están debajo de la mesa;
algo así como una puerta falsa. Vivo en los pensamientos de otro
    trabajador

y es por eso puedes encontrar mi mitad y mi final en mi co-
    mienzo.
Todo es narrativas pero no puedo verlas. En privado,
me dicen que hay un vacío donde solo existo
en formatos privados.

Soy la historia visual que la fábrica cuenta
de la ropa de sus empleados: "Sus batas, sus jeans,

were made by them. They wear what they sew."
And it all may be a fábrication
because the factory needs fiction to run
so they need your story, duh. Dereal factory workers
run the wheel while the morning mumbles their hubby's name,
      Primitivo.

The workers were sent home in hopes that home will become a
      maquila of private monologues.

Plus, they'll never have to leave their homes because

the past, like the border, is its own country.

los hicieron ellas. Se visten con lo que cosieron".
Y quizás sea toda una elucubración
porque la fábrica necesita ficción para funcionar
así que obvio necesitan tu historia. Las trabajadoras de la fábrica
    Dereal
hacen funcionar la rueda mientras la mañana musita el nombre
    de su esposo, *Primitivo*.

Las trabajadoras fueron enviadas a casa con la esperanza de que
    el hogar se vuelva una maquila de monólogos privados.

Además, nunca tendrían que dejar sus casas porque

el pasado, como la frontera, es su propio país.

YOU LOOK AT CROSSERS, YOU LOOK JUST
LIKE THEM

The border simulator is constant
practice at Rossing, shopping at Ross.
What to say when crossing. Am I right?
And Ross loss prevention is always side-eying
you, the merchandise. You might steal
a badly seamed pair of bedazzled jeans
but Ross loss prevention cares more about you
stealing yourself. Borders accept crossers as payment now.
The crypto currency of the border is the crosser
and they are in crypt-like boxes
as they cross and soon they are released back from the crypt.
#
If Customs knows the crosser,
they can't check their papers.
But it's hard not to know everyone in this narrow corridor
where *corridos* tuba from every car.
It's so loud that it's quiet. You also don't get old,
you just give up on the bridge, waiting
next to the same Daewoo for hours
and you roll down your window and start swapping
stories about other wait times: "On the Mexican side,
Customs had enough of the line and shouted
to all the cars waiting: *'¡Bocina si no existes!'*
'Honk if you don't exist!' And all the cars honked,
you couldn't even hear your passenger."

VES A LOS CRUZANTES, TE PARECES TANTO A ELLOS

El simulador de la frontera es constante
práctica del rossear, comprar en Ross.
¿Qué decir al cruzar, no?
Y la prevención de pérdidas de Ross siempre es
mirarte de reojo a ti, la mercancía. Podrías robar
un mal cosido par de jeans con pedrería
pero la prevención de pérdidas de Ross se preocupa más por ti
robándote a ti mismo. Las fronteras aceptan cruzantes como
    forma de pago ahora.
La criptomoneda de la frontera es el que cruza
y va como de cripta en urnas
al cruzar para pronto ser liberados de la cripta.
#
Si Aduanas conoce al cruzante,
no puede revisar sus papeles.
Pero es difícil no conocer
a todo el mundo en este angosto corredor
donde corridos tuban de cada carro.
Tan ruidosa que es esta calma. Tampoco envejeces,
solo te rindes en el puente, esperando
junto al mismo Daewoo por horas
y bajas tu ventana y empiezas a echar
cuentos sobre otros tiempos de espera: "En el lado
mexicano, la aduana se hartó de la línea y les gritó
a todos los carros en espera: '¡Bocina si no existes!'
"Honk if you don't exist!" Y todos los carros tocaron la bocina
que ni podías oír a tu propio pasajero".

DEAR CROSSER / *NO TE RÍAS*

\#

If Customs says: "Real women have traveling pants."

(What's a chola with one leg longer than the other?)

If Customs says: "You can't trust the laugh?"

(*Not even*)

If Customs is wearing a skin suit that looks like you.

Even if Customs takes off the skin suit that looks like you

and then they take you to a back room where they make you
    strip down

and put on the skin suit that looks like you.

And then you have to traverse the simulation as a melty version
    of you.

(Even if, *no te rías*)

QUERIDO CRUZANTE / NO TE RÍAS

\#

Si Aduanas dice: "Las mujeres de verdad tienen pantalones
   de viaje".

(¿Qué es una chola con una pierna más larga que la otra?)

Si Aduanas dice: "¿No puedes confiar en la risa?"

(*Not even*)

Si Aduanas tiene puesto un traje de piel que se parece a ti.

Incluso si Aduanas se quita el traje de piel que se parece a ti

y luego te lleva a un cuarto donde te hacen que te desnudes

y te pongas el traje de piel que se parece a ti.

Y luego tengas que atravesar la simulación como una versión
   derretida de ti.

(Incluso si, no te rías)

DEAR CROSSER, DID YOU KNOW THAT YOU'RE NOT YOUR BODY?

Your body is denim,
your body is Mylar,
your body is polyester,
your body is cotton,
like how the cowhide keeps
the cow from falling apart.
Customs also likes to hold you
and keep you together
in a hot office with other Sonora hubbies.
(A Sonora Dog sort of office
but with extra weenies.)
Like how the mule hide
keeps the mule together,
from falling apart and J. Cristo
also rode the mule into town
and no one asked for his papers.
There is a number in my rolodex
labeled divinity studies
and I don't remember whose number this is.
The only thing I ever divine is a call to my sister
to say our goal in this simulation
is to find bags of lighters
in the desert, but it's hard to trust reception
in the desert. Over a loudspeaker,
I heard someone giving advice
at the kiosk about crossing:
"Better to assimilate as soon as possible."
But my crossing buddy told me no,
it was simulate. The border face
I trusted to myself isn't rust-worthy.

QUERIDO CRUZANTE, ¿SABÍAS QUE
NO ERES TU CUERPO?

Tu cuerpo es mezclilla,
tu cuerpo es Mylar,
tu cuerpo es poliéster,
tu cuerpo es algodón,
así como el cuero impide
que la vaca se desmiembre.
A Aduanas también le gusta sujetarte
y conservarte en una pieza
en una oficina caliente con otros mariditos de Sonora.
(Una oficina a lo Sonora Dog
pero con extra de salchicha.)
Como el cuero de mula
contiene la mula en sí,
para que no se deshaga y J. Cristo
también montó una mula hasta el pueblo
y nadie le pidió los papeles.
Hay un número en mi rolodex
bajo estudios de divinidad
y no recuerdo de quién es el número.
Lo único que adiviné alguna vez fue una llamada a mi hermana
para decir que nuestro objetivo en esta simulación
es encontrar bolsas de yesqueros
en el desierto, pero es difícil confiar en la señal
en el desierto. En un altoparlante
del quiosco escuché a alguien
aconsejar sobre el cruce:
"Mejor asimilar lo más pronto posible".
Pero mi carnal del cruce me dijo: no,
fue simular. La cara de frontera
que me confié no es digna del óxido.

Because I want to rust,
it shows I've been around
but my face isn't taking the graph
and at the face grafter party
they told me they want me to look
more like the other crossers.
Customs has new forms for us to notarize, to be able to pass.
It's hard to know what they want.
Customs portaled in and shot my friend
and said: "They were never really your friend.
Follow me into this portal
if you want to glove,
I mean love,
I mean live."

##################

Well, *I* know what Customs wants
because, if you haven't guessed by now,
I am one.
I guess we all patrol ourselves.
I feel like I've left enough traps for you,
enough of my footprints in the desert sand,
or, have fellow Customs already swept those footsteps away?
It's hard to follow a crosser without a trail.
I had to get a job doing something, right?
And I've always been attentive to people
who don't look like they're from here
so I was a great fit and I speak
the crosser's language too, the only place I fit.
Our motto emblazoned inside the kiosk
above our tally board is, "We want your migrants
and we want them bad." Customs is a lot

Porque quiero oxidarme,
demuestra que he andado por ahí,
pero mi cara no acepta el injerto
y en la fiesta de trasplantados
de caras me dijeron
que querían que me pareciera
más a otros cruzantes.
Aduanas tiene nuevas planillas para notariar, para poder pasar.
Es difícil saber lo que quieren.
Aduanas se metió al portal y le disparó a mi amigo
y dijo: "Nunca fueron tus amigos de verdad.
Sígueme a este portal
si quieres mar,
digo amar,
digo vivir".

################

Bueno, *yo* sé lo que quiere Aduanas
porque, si aún no lo han adivinado,
soy uno.
Supongo que todos nos patrullamos.
Siento que he dejado suficientes trampas para ti,
suficiente cantidad de mis huellas en la arena del desierto,
o ¿será que los compañeros de Aduanas ya barrieron esos pasos?
Es difícil seguir a un cruzante sin dejar rastro.
Tenía que encontrar un trabajo haciendo algo, ¿no?
Siempre he estado atento a la gente
que no parece de aquí
así que fui un candidato ideal y hablo
la lengua del cruzante además, el único lugar donde calzo.
Nuestro lema repujado dentro del quiosco
sobre nuestro aviso es: "Queremos tus migrantes

like that series: *The People's Funeral Home
for Nice Jobs and the Crossers Who Loved Them.*
Why leave to another simulation to be cheated
when you could be cheated right here?
But there's no cheat codes here.
Up or down, left or right, it's all an interpretive map.
You can flip it so it looks like you're on top
but that's all the pleasure you'll get for today.
Pleasure is a ration on the border
and if work equals pleasure for you,
you're perfect for the border simulator.
All the drills could not have prepared you
for when we knocked on your door.
You knocked on the border for a while
but no one answered your door.
We whistle by our speedy courts
in operation streamline-the-migrants-back-to-their-
    extraterrestre-homes.

Your holmes is the extraterrestrial
that we left behind and now he's illegal,
a gag rule in his mouth.
And we can council him,

but the council is always in favor of the council.
We can also cancel him
and the council is always in favor of that.
But with this graph data
of where crossers cross
he never gets canceled out.
He continues to live through this graph,
him and everyone else in operation streamline.
He didn't even know he was part of an operation

y los queremos con ganas". Aduanas es como
esa serie: *La funeraria del pueblo*
para los trabajos agradables y los cruzantes que los amaban.
¿Por qué partir a otra simulación para que te engañen
si te podrían engañar aquí?
Pero aquí no hay códigos de truco.
Arriba o abajo, izquierda o derecha, todo es un mapa interpreta-
    tivo.
Puedes voltearlo para que parezca que estás encima
pero ese es todo el placer que sentirás hoy.
El placer es una proporción en la frontera
y si el trabajo equivale a placer para ti,
eres perfecto para el simulador de la frontera.
Ni todas las pruebas te hubieran preparado
para cuando tocamos a tu puerta.
Tocaste a la frontera por un tiempo
pero nadie abrió tu puerta.
Silbamos por nuestras cortes expeditas
en la operación *streamline*-los-migrantes-de-vuelta-a-sus-
    hogares-extraterrestres.

Tu lagar es extra de terrestre
que dejamos atrás y ahora él es ilegal,
una mordaza tensó sobre su boca.
Y le podemos aconsejar

y el consejo siempre está a favor.
También lo podemos cancelar
y el concejal siempre está a favor de esta medida.
Pero con esta gráfica de datos
de los lugares donde los cruzantes cruzan
nunca será cancelado.
Continuará viviendo en esta gráfica,

but here he is, in a speedy court
with headphones streaming in
the interpreted voice of the judge.

It's always soon here
and crossers are allowed to cross
any border they want
as long as they don't exist
and you're so good at not existing, Primi.
You and your sister bob and weave through the border almost
    undetected
and it's easy to do so because you and your sister blend
into the border like goths at the annual goth convention.
How tacky and yet at the same time tactile,
the feeling of blending and shading.
Soon Customs realizes who you are (have always been)
and releases you back to the south
of the simulation and now your job is to find a job.
In the city desert jobs are scarce
and you're scared of the jobs
you might be forced to perform
but you've been a great performer
since you were small, staying in the shade all day
where no one could see you.
You might be able to not exist to Customs
and then you can go to the factory, around the corner,
where crossers are made.
You are making yourself, Primi.
This is the factory where you make a machine (you)
that helps make more machines just like you.
But all these new you-machines also need papers
to gain access to access
and it's a long line to get naturalized yet,

él y todos los demás en la operación agiliza.
Ni siquiera sabía que era parte de una operación,
pero aquí está, en una corte expedita
con audífonos donde la ágil
voz del juez se escucha traducida.

Siempre es pronto aquí
y a los cruzantes se les permite cruzar
la frontera que quieran
con tal de que no existan
y tú eres tan bueno en eso de no existir, Primi.
Tú y tu hermana se mueven de arriba abajo y serpentean por la
    frontera casi sin ser detectados,
y eso es fácil para ustedes porque tú y tu hermana se camuflan
con la frontera como góticos en la convención anual de góticos.
Qué viscosa y al mismo tiempo táctil
la sensación de combinar y sombrear.
En breve Aduanas se da cuenta de quiénes son ustedes (siempre
    han sido)
y los suelta de vuelta al sur
de la simulación y ahora tu trabajo es encontrar trabajo.
En la ciudad del desierto los trabajos no sobran
y tú sientes zozobra por los trabajos
que quizás te fuercen a hacer,
pero tú has sido muy bueno en desaparecer
desde que eras pequeño, quedándote en la sombra todo el día
donde nadie podía verte.
Quizás podrías ser capaz de no existir para Aduanas
y luego podrías ir a la fábrica, corramos, corramos,
popó, popó, popó.
Te estás haciendo, Primi.
Esta es la fábrica donde haces una máquina (tú)
que ayuda a hacer más máquinas tal como tú.

there is often nothing natural about the process
of being processed. Our diet is mostly processed
meats and we love your tubes of chorizo, Primi.
Customs safeguards your papers
and places them in their heart
but their heart is actually their mouth
and they keep tacos de chorizo there as well, so,
    there's not a lot of room.

Pero todas las nuevas máquinas-tú también necesitan papeles
para obtener acceso al acceso
y todavía es una larga fila para naturalizarse,
no hay nada natural en ese proceso
de ser procesado. Nuestra dieta es casi toda carne
procesada y nos encantan tus tubos de chorizo, Primi.
Aduanas resguarda tus papeles
y los pone en su corazón,
pero su corazón en realidad es su boca
y ahí también tiene tacos de chorizo, así que
no hay demasiado espacio.

THE BORDER SIMULATOR (IS THIS LANGUAGE A DESERT ALSO?)

Has Customs kept us from saying our favorite words
as we cross? (*madrugada, residiente,* dentures) Or
has Customs left these worlds, sorry words,
    here in the desert to get picked at by the cultures (ah!
    I keep tripping over these crossers), the vultures,
    till there's nothing but word's cartilage left to excavate?

I only know one forensic team
    and they're a cast of characters in a procedural TV series
    (Customs knows the crossing procedure, eyes closed) armed
        with technology
        that doesn't exist yet and this is also what crossers feel
        like: a technology that doesn't exist.

But if no one can hold the desert culpable, if you can't charge a
    desert with desertslaughter,
who will step forward and answer the crosser's last note?:

DEAR CROSSER, YOUR DIGITAL footprint is more of a digital stain on the border simulator. Customs will always try and wipe you clean. Are you sure you're sure which customs I'm talking about? Sometimes I'm not even, because custom's words wear camouflage to ensnare us and in trap, there's life. Don't they say that? With restraint you're freed? Then I'm the freest crosser in the border simulator. Customs found me sweating in a cave; they chased me there! And now riding in their jeep, where are we even going? I can't tell and I cover my eyes with my hands because it's as useful as looking out onto this map. Well, good thing I drew the map on my palms and my pants. I can peek at my hand but

EL SIMULADOR DE FRONTERAS (¿SERÁ ESTA LENGUA TAMBIÉN UN DESIERTO?)

Aduanas nos ha impedido que digamos nuestras pal-
abras favoritas
mientras cruzamos? (madrugada, *residiente,* dentaduras) ¿O
es que Aduanas dejó estas escaras, digo palabras,
aquí en el desierto para que las culturas se las agarren,
(¡ah!
me sigo tropezando con estos cruzantes) las zamuras,
hasta que no quede nada por excavar de la palabra sino
el cartílago?

Solo conozco un equipo forense
y es un elenco de personajes de una serie de tv de policía
procesal
(Aduanas se sabe el procedimiento del cruce, con los
ojos cerrados) armada con
[tecnología
que no existe todavía y así también es como se sienten
los cruzantes:
una tecnología que no existe.

Pero si nadie puede culpar al desierto, si no se le pueden levantar
cargos al desierto por homicidio desertizo,
¿quién dará un paso al frente para responder la
última nota del cruzante?

QUERIDO CRUZANTE, TU HUELLA digital es más que una man-
cha digital en el simulador de fronteras. *Customs* siempre inten-
tará limpiarte. ¿Estás seguro de que estás seguro de de qué *customs*
estoy hablando? A veces ni siquiera estoy hablando, porque las

I'm so tired of looking at my hands, my map, my lap, but I need to because if not I'd be lost in simulation, and if I'm lost I'm detained, but it's not so bad! Eventually customs gets tired of asking questions. I'm getting better at knowing this genre of detainment. I know you love our little interrogations in customs' hut, but lately, when I'm there with you, I'm not sure who questions who. But I'm an unreliable translator of customs and I guess we all are. You've spent years practicing my border, these questions. And when you're not putting the screws to me, you're making other crossers screw together a new border fence. If you're not screwing yourself into the border simulator then customs has you making adobe slabs and papier mâché walls for the bbq, crosser appreciation day. But you won't last long if these kinds of days continue to appreciate. Customs appreciates you, alien crosser. Without you, customs would have no jobs and jobs equal worth in the border simulator. I'll do what I can for you, fellow crosser, like, when it's my turn I might be able to knock out that borderwallpiñata (jerking back and forth, hoping to make you miss, customs always holds the rope), but after a good whack, what falls out are crossers and their families (they built themselves into the borderwallpiñata? How sneaky) and then the families try to find a cave where they can hide and while they're out for the day they let their sleeping bags (burrito blankets left here by other groundbeef-crossers) pool in the corner, the only pool for miles.

We searched through grounds of beef for you, Primitivo.
    We know you've been hiding, living, and working
        at the meat-grinding factory.
    The boss loved hiring migrants because you're cheap and
        such grinders too.
    But now we can't find you (I thought I could see your face
    peeking through the burgermeat, but no,
        the meat just looked like your face for a sec)

palabras de *customs* se camuflan para atraparnos y en la trampa está la vida. Eso dicen ellos, ¿no? ¿La contención te libera? Si es así entonces soy el cruzante más libre en el simulador de fronteras. Aduanas me encontró sudando en una cueva; ¡me persiguieron hasta allá! Y ahora montado en su jeep, ¿es que sé a dónde vamos? No distingo y me tapo los ojos con las manos porque es tan útil como mirar este mapa. Qué bueno al menos que me dibujé el mapa en la palma de la mano y en los pantalones. Puedo ojear mis manos pero estoy tan cansado de mirar las manos, el mapa, mi regazo, pero debo porque si no me voy a perder en la simulación y si me pierdo, seré detenido, ¡aunque tampoco es tan malo! Aduanas eventualmente se cansa de hacer preguntas. Estoy ampliando mis conocimientos sobre este tipo de detención. Sé que te encantan nuestras interrogancioncitas en la caseta de la aduana, pero últimamente, cuando estoy ahí contigo, no sé quién le pregunta a quién. Pero no soy un confiable traductor de aduanas, supongo que nadie lo es. Has pasado años practicando mi frontera, estas preguntas. Y cuando no me estás apretando las tuercas, haces que otros cruzantes aprieten las tuercas de nueva valla fronteriza. Si no te estás clavando en el simulador de fronteras entonces Aduanas te pone a hacer losas de adobe y paredes de papel maché para la carne asada del Día de Apreciación del Cruzante. Pero no durarás mucho si este tipo de días se siguen apreciando. Aduanas te aprecia, cruzante extranjero. Sin ti, Aduanas no tendría trabajo y los trabajos son de igual valía en el simulador de fronteras. Haré lo que pueda por ti, querido cruzante, o sea, cuando sea mi turno hasta pueda tumbar esa piñatamurofronterizo (zarandeando arriba abajo, con la intención de hacer que te peles, Aduanas siempre agarra la cabuya), pero después de una buena jamaqueada, lo que cae de ella son cruzantes y sus familias (¿se metieron en la piñatamurofronterizo? Qué vivos) y luego las familias tratan de encontrar una cueva donde puedan esconderse y al salir de día dejan sus bolsas de dormir (cobijas de burrito tiradas aquí por

so we sicced the border on you and the border sniffed
you out. The border simulator knows your smell so well;

a mix of creosote and desperate, and now you'll never leave, the
    border has you
        in its vice-fenced grip. You're posing for the cameras but
            stop it, there's no camera
until we say so. Ok, now quickly pose for this photo
but make an expression like they did in those old-timey photos,
you know, pretend that you've never had your picture taken.
Look like you don't know what a camera is. Snap, snap.
You're so good at looking morbid
it's like you've had practice at this. I took a caravan's worth of
    photos of you,
and your face always came out glossy, like someone rubbed
    Vaseline on the lens.

I collected these passport photos of you, Primitivo, and now
    your face is all over our little room, in 2×2 portraits, each
    one a hue of you, come see.
Did you know, Primitivo, that there's only two types of peo-
    ple at the border?
Those who have crossed and those who one day will. Ok,
    we're done
        taking photos now come, enter this room that I've made
            for you,
where pants are actually maps and these maps show you
    where to find your missing bedazzledjeans.

Yet, you're a place on the map that doesn't exist. The wrong data
    points were entered and there is a pocket on the map, did
        you sew this pocket?

otros cruzantescarnemolida) volverse una piscina en la esquina, la única piscina a kilómetros de distancia.

Te buscamos en albercas de carne molida, Primitivo.
Sabemos que te has estado escondiendo, viviendo y trabajando
en la fábrica de molienda de carne.
Al jefe le encanta contratar migrantes porque salen barato y las picadoras también.

Pero ahora no podemos encontrarte (pensé que había visto tu cara
asomarse en la carne molida, pero no,
solo fue que la carne se pareció a tu cara por un segundo)
así que te echamos la frontera y la frontera te olfateó.
El simulador de fronteras conoce tan bien tu olor;

una mezcla de creosota y desesperación, y ahora nunca te irás, la frontera te tiene
en su puño. Posas para las cámaras, pero para, no hay cámara hasta que digamos. Ok, ahora, posa rápidamente para la foto, pero haz una expresión como esas que hacían en las fotos de antaño,
sabes, haz como si nunca te hubieran tomado una foto.
Mira como si no supieras lo que es una cámara. Click, click.
Eres tan bueno en parecer mórbido,
es como si tuvieras práctica en esto. Tomé una caravana de fotos tuyas
y tu cara siempre sale brillante, como si alguien hubiera restregado vaselina en el

Did you sew it so you could later hide inside it, on the map?
If there's one thing Customs knows it's maps and pockets so
   be careful, crosser,
not to hide yourself from yourself (your true desire)
   and desire is a belt of possible,

   just take off your belt, loop by loop. Oh look, there's a fray
      in your jeans.
Don't think I don't know your secret talent, Primitivo. I know
   everything about you,
or at least everything it says here in your file. Since you're so
   good at sewing these secret pockets,
we'll throw you in with the newly arrived craft crossers,
      crossing arts and crafts
from hobby lobby, into simulation. People are bored there,
      they need something to crochet,
and once they're detained we get them to crochet a life-size
   model of us and a new fence.

But if you refuse to do arts and crafts for Customs, then we
   make you sell you.
      These crossers, they're selling their teeth, they're selling
         their kidney,
      they're selling their plasma, they're selling their hair,
      and all this gets to cross into simulation.
      Crossers are also selling their time but that never grows
         back or crosses.

      But what else would we do? We have no time any-
         ways, so little time
      that we actually have all of it, and it weighs heavy on
         our backs.

Junté estas fotos de pasaporte tuyas, Primitivo, y ahora tu
cara está por todo
nuestro cuartito, en retratos 2x2, cada una pátina de ti, ven a
ver.
¿Sabías, Primitivo, que solo hay dos tipos de personas en la
frontera?
esas que han cruzado y esas que algún día lo harán. Ok, ya
terminamos
de tomar fotos, ahora ven, entra en este cuarto que he
hecho para ti,
donde los pantalones son realmente mapas y estos mapas te
muestran donde encontrar tus perdidos jeans con

[pedrería.

Sin embargo, eres un lugar en el mapa que no existe. Data errada
apunta donde se ha entrado y hay un bolsillo en el mapa. ¿Tú
cosiste este bolsillo?
¿Lo cosiste para que luego pudieras esconderte adentro, en el
mapa?
Si hay algo que Aduanas sabe es de mapas y bolsillos, así que
ten cuidado, cruzante,
de no esconderte de ti (tu verdadero deseo) y el deseo es una
correa de lo posible,

solo quítate la correa, vuelta por vuelta. Oh, mira, tus
jeans se deshilachan.
No creas que no conozco tu talento secreto, Primitivo. Sé
todo sobre ti,
o al menos todo lo que dice aquí tu archivo. Ya que eres tan
bueno cosiendo estos bolsillos secretos,
te vamos a tirar con el navío de cruzantes recién llegados, cru-
zando manualidades y artesanías

This back stands with the moment, if it can stand at all. What, with time's weight hunching us closer and closer to the earth?
till we're also part of the earth
and only then do future crossers step on us to get here.

And when they get here, there are two options for work: the meatmincer
or the *fábrica*. Both jobs are in the same building, in the shadow of the mountain, and if you can grind the meat
and use the industrial sewing machines (mostly Juki's), your job will never die.

de hobby lobby, a la simulación. La gente se aburre ahí, necesitan algo para
hacer crochet, y una vez detenidos les hacemos tejer a ganchillo una versión nuestra de

[tamaño real y una nueva valla.

Pero si te rehúsas a hacer arte y manualidades para Aduanas, te haremos entonces que te vendas.
Estos cruzantes están vendiendo sus dientes, sus riñones, están vendiendo su plasma, su pelo,
y todo esto llega a cruzar en la simulación.
Los cruzantes también están vendiendo su tiempo, pero eso nunca vuelve a crecer o

[cruza.

Pero ¿qué más haremos? No tenemos tiempo de todas maneras, tan poquito tiempo
que de hecho lo tenemos todo y nos pesa mucho en la espalda.

Esta espalda es nuestro soporte del momento, si es que podemos soportarlo. ¿Qué
con el peso del tiempo jorobándonos cada vez más cerca y cerca de la tierra? Hasta que seamos parte

[de la tierra
y que entonces solo sean sobre nosotros los pasos de los futuros cruzantes para llegar aquí.

Y cuando lleguen aquí, hay dos opciones de trabajo: la picadora de carne

#

o la fábrica. Ambos trabajos son en el mismo edificio, a la sombra

de la montaña, y si puedes moler la carne

y usar las máquinas de coser industriales (Jukis en su mayoría),

tu trabajo nunca morirá.

I'M GOING TO PULL PANTS OVER YOUR EYES

and only then can you see my perfect seam,
my masterful stitch. I can even stitch you up
if you ever need a part sewed to another part of you.
A crosser with three arms would be able to wave
to one third more people on the bridge.
And you love to wave because it signals that you've arrived
but no, you've just come to the threshold, so close!
You thought you held my hand as we passed
into simulation but no, you were holding your own hand,
you couldn't tell (one hand dirties the other).
You think you'd know you but even your voice runs from itself.
We've always hid our voices in baskets that we
wove in the simulator, and our voices pop out
when we're told the desert is clear (never coast)
but no, we were lied to, Customs
was right around the corner and now they're asking us what we
    declare
and we hesitate because we spent our whole life with nothing to
    declare
and now my voice is in a holding cell (somehow not as pleasant
as my basket) mouthing this pamphlet,
What to Shed/Declare Before Entering the Border Simulator:
1 Texas-sized toast 2 Repairs or alterations to thoughts
3 of the hungry crossers 4 Mistaken identities at the bridge

5 Your facefracture, duty free 6 Unearth a voice that says, *apoyar
    las labores,*
7 but we're all workers in the city, in the desert 8 Declare all
    drugs and when life becomes

TE VOY A DAR PANTALÓN POR LIEBRE

y solo así podrás ver mi costura perfecta,
mi hilvanado magistral. Hasta puedo zurcirte
si alguna vez necesitas una parte tuya cosida a otra parte de ti.
Un cruzante con tres brazos podría saludar
a un tercio más de gente en el puente.
Y a ti te encanta ondular los brazos porque es señal de que has
   llegado
pero no, apenas has venido al umbral, ¡tan cerca!
Pensaste que sostenías mi mano al pasar
juntos a la simulación, pero no, ibas de mano con tu propia
   mano,
no podrías distinguir (una mano ensucia la otra).
Crees que te conoces pero incluso tu voz huye de ti.
Siempre hemos escondido nuestras voces en cestas que
tejemos en el simulador y nuestras voces emergen
cuando nos dicen que el desierto está despejado (nunca la costa)
pero no, nos mintieron, Aduanas
estaba justo a la vuelta de la esquina y ahora nos pregunta qué
   declaramos
y dudamos porque nos pasamos la vida sin nada qué declarar
y ahora mi voz está en una celda de detención (no tan placentera
como mi cesta) musitando este panfleto
qué Mudar/Declarar Antes de Entrar al Simulador de Fronteras:
1 tostada texánica 2 reparaciones o alteraciones de pensamiento;
3 de los cruzantes hambrientos 4 identidades equivocadas en el
   puente

5 Tu carafractura, *duty free* 6 Desenterrar una voz que diga
   "apoyar las labores",

your personal exemption 9 don't declare anything 10 or you're a
  constant feedback loop
11 as if you were merchandise 12 beyond the personal exemp-
  tion 13 The map

can be claimed as a garment if you have nothing else to declare
14 Having completed their inventory of you, Customs officials
  still have the right

15 to ask you to dress in a costume of them 0 packs of cigarettes,
  25 cigars
or 200 grams of tobacco; up to 3 liters of alcohol (that is not
  wine) and 6 liters of wine.

7 pero todos somos trabajadores en la ciudad, en el desierto
    8 Declare todas las drogas y cuando la
                                            [vida se vuelva

tu excepción personal 9 no declares nada 10 o serás una loop
    constante de retroalimentación
11 como si fueras mercancía 12 más allá de la excepción personal
    13 El mapa

puede declararse como prenda si no tienes nada más que de-
    clarar
14 Habiendo completado su inventario de ti, los oficiales de la
    aduana aún tienen el derecho

15 de pedirte que de ellos te disfraces 0 paquetes de cigarrillos,
    25 cigarros
o 200 gramos de tabaco; hasta 3 litros de alcohol (que no sea
    vino) y 6 litros de vino.

THE DIGITAL LANDSCAPES
OF PRIMITIVO

/ / /

LOS PAISAJES DIGITALES
DE PRIMITIVO

/ / /

CUSTOMS ARE WAITING FOR ME WITH THEIR LASSOS AND ZIP TIES

I'm a pile of judgment days
crossing the border. I tried to organize the hours
waiting in line on the bridge but days travel
over days and erase them.

I organize my tears instead.
I keep some in my coat pocket.
Customs finds my years or tears, whichever;
and my story tears up the costume agent, Customs
agent, *ay perdón,* till she's blind in one eye.
She tells me she might be able to open simulation.

Before Customs lets me in,
they need to paint my portrait.
It's a slow process as they Niagara-falls
through their post, at the kiosk, revealing their daubs
to themselves, for Customs, like me,
are made from hidden daubs of paint.

\#

The fence's eyes are located in its weaves and I can feel its gaze.
     Yes, the fence looks at me
just as I look at the fence. When you look at each other long enough

CUSTOMS ME ESPERA CON SUS LAZOS Y SUS CINCHOS PLÁSTICOS

Soy un montón de días del juicio
cruzando la frontera. Intenté organizar las horas
de espera en la cola del puente pero los días viajan
con los días y los borran.

En vez de eso organizo mis lágrimas.
Dejo algunas en el bolsillo de mi abrigo.
Aduanas encuentra mis años o mis lágrimas, lo que sea;
y mi historia conmueve hasta las lágrimas a la agente humana, agente de
aduana, ay perdón, hasta que queda ciega de un ojo.
Me dice que quizás pueda abrir la simulación.

Antes de que Aduanas me deje entrar,
necesitan pintar mi retrato.
Es un proceso lento a lo que dan el Salto Ángel
a sus puestos, en el quiosco, revelando sus manchones
entre sí, pues Aduanas, como yo,
está hecha de secretas unturas de pintura.

#

Los ojos de la valla se hallan en su tejido de alambre y puedo
    sentir su mirada. Sí, la valla me

                                        [mira
tal como a la valla miro. Cuando miras suficientemente al otro
    por un tiempo
uno empieza a influir en el comportamiento del otro y viceversa
    y la valla me ha visto batallar

you start to influence each other's behavior and the fence has
     seen me work for years
at the border. The fence has seen me building it, the fence.

#

My shadow is over there in El Paso but I'm right here. Why didn't
     Customs check its I.D.? What's so special about my shadow? It's
     not even me.

                             [durante años
en la frontera. La valla me ha visto construirla, a la valla.

\#

Mi sombra está allá en El Paso pero yo estoy justo aquí. ¿Por qué
Aduanas no revisó su identificación? ¿Qué es lo que mi sombra
tiene de especial? Ni siquiera soy yo.

THROUGH A DESIGNATED LENS A
DEATHFILTER IS AN EFFECT

I film the crosser through this window.
I'm also a crosser in a slasher film that tracks back to the frame
    of the desert.

I might hear sounds as the crossers hear them. Listen;
is that a hand thrusting through the border fence?

I'm under the table and the public knows it.
Like a character exploring a sinister house,

I see and hear no more than the crosser
who should walk lightly, the moment is full of cages.

#

Customs has the ability to appear in dreams and attack the
    dreamer.
A sorting algorithm of morality, no, mortality!
To use the sorting algorithm of crosser mortality,
add the screen score for each row, then divide by the number of
    crossers.
Remember: this is a relative score, so you need at least three
    crossers
from the same point of entry to establish a baseline.
Eventually, there will be only one girl left standing, Primitiva,
    the final girl.
Normally, the only "morally pure" member of the crossers.
With considerable help from a holographic *coyote,* she will cross
    the border.
It's a formula; what a formula!

EL FILTRO DE LA MUERTE ES UN EFECTO A TRAVÉS DE LA LENTE

Filmo al cruzante por esta ventana.
También soy un cruzante en una película de terror que se
remonta al encuadre del desierto.

Quizás oiga sonidos al tiempo que los oyen los cruzantes. Escu-
cha;
¿Será una mano atravesándose a través de la valla fronteriza?

Estoy debajo de la mesa y el público lo sabe.
Como un personaje explora una casa siniestra,

no veo ni oigo más que el cruzante
que debería caminar ligeramente, el momento está lleno de jaulas.

\#

Aduanas tiene la pericia de aparecer en sueños y atacar
al soñador.
Un algoritmo de la clasificación de la moralidad, no, ¡mortalidad!
Para usar el algoritmo de clasificación de la mortalidad del
cruzante,
suma la puntuación de pantalla a cada fila y luego divídela por
el número de cruzantes.
Recuerda: esta es una puntuación relativa, por eso necesitas al
menos tres cruzantes
del mismo punto de entrada para establecer una línea de base.
Eventualmente, solo quedará una niña en pie: Primitiva, la niña
final.
Normalmente, la única miembra "moralmente pura" de los cru-
zantes.

#

The border can predict the future and predicts that I will hang
     clothes to dry on the border fence.
I can't unsee the sister city but wait, yes, now it's possible.
Customs put up a fence and I can't see over it
only through its small, mesh squares. If I use a light bulb with
     less wattage,
will it soften my features? It's not clear, Juárez,
but I can still hear the city. If I use a listening device
to overhear a conversation, is the action legal? The border simu-
     lator pats me on the back
and frames the crosser with a chyron that reads: "The desert
     coffins cough themselves
up from the ground and now the coffins are traveling
through the desert." Yes, a caravan of coffins is heading to the
     border.

The caravan's motto was: "Cross now, cry later." But ever since
Customs threw tear gas at us, it's become "cry now" too.
What they don't know is that crossers already extinguished their
     tears.
We wouldn't have wasted a drop.

All your friends spend hours pinching their phones
and all my friends are pinching themselves, trying to zoom in
     on themselves.

Con ayuda considerable de un coyote holográfico, ella cruzará
     la frontera.
Es una formula; pero ¡qué formula!

\#

La frontera puede predecir el futuro y predice que voy a guindar
     ropa para secar en la valla
                                        [fronteriza.
No puedo deshacer el haber visto la hermana ciudad pero ya va,
     sí, ahora como que es posible.
Aduanas erigió una valla y ahora no puedo ver a través
solo por sus pequeñas cuadrículas de alambre metálico. Si uso un
     bombillo con menos vatiaje,
¿suavizará mis facciones? No está claro, Juárez,
pero todavía puedo oír la ciudad. Si uso un dispositivo auditivo
para escuchar sin intención una conversa, ¿es una acción legal?
     El simulador de fronteras me da una
                                   [palmadita en la espalda
y enmarca al cruzante con un chyron que dice: "El desierto tose
     los ataúdes
desde el suelo y ahora los ataúdes viajan
a través del desierto". Sí, una caravana de ataúdes se aproxima a
     la frontera.

El lema de la caravana era: "Cruza ahora, llora después". Pero
     desde que
Aduanas nos lanzó gas lacrimógeno, se ha vuelto también "llora
     ahora".

Lo que no saben es que los cruzantes ya extinguieron sus lágrimas.
No habríamos desperdiciado una gota.

Todos tus amigos pasan horas pinchando sus teléfonos
y todos mis amigos se pinchan, intentando un zoom in hacia sí mismos.

NO PARES, SIGUE, SIGUE

Your eyes are a revolving entrance for Customs.

Customs is trying to open Primitivo's eyes
but he's doing everything he can to keep them
shut. Primitivo sold his *ojitos*
to Customs but now has second thoughts
and doesn't want to give them up.
Customs wants to look like Primitivo
to stamp other crossers with familial eyes.
This is the state of the state of your eyes,
and they're wild with dunes.
Let us climb.

But to climb we'll need words we understand,
on a map. Customs are words
that describe themselves,
an example of map design.
Their ancestors, whoops, acne scars,
are scatter plots replacing latitude and longitude
with other dimensions like time and dollar sign,
the Crossers represented by dots.

The same Crosser should serve more than one graphical purpose.
     You think that's a lot
of information for just one dot? *Oh, look, there's another dot,* and
     when you connect them
you get the face of Primitivo. Please! paint that face in my mural.

NO PARES, SIGUE, SIGUE

Tus ojos son una puerta giratoria para Aduanas.

Aduanas intenta abrir los ojos de Primitivo,
pero él está haciendo todo lo que puede para mantenerlos
cerrados. Primitivo le vendió sus ojitos
a Aduanas, pero ahora lo está dudando
y no los quiere entregar.
Aduanas quiere verse como Primitivo
para estampar a otros cruzantes con ojos familiares.
Este es el estado del estado de tus ojos,
y están salvajes con dunas.
Déjanos escalar.

Pero para escalar necesitaremos palabras que entendamos,
en el mapa. Aduanas es palabras
que se describen a sí,
un ejemplo del diseño cartográfico.
Sus raíces, ups, cicatrices de acné
son diagramas de dispersión que reemplazan latitud y longitud
con otras variables como el tiempo y los signos de dólar,
los cruzantes representados por puntos.

El mismo cruzante debería servir más de un propósito gráfico.
    ¿Crees que es mucha
información para un solo punto? *Ay, mira, hay otro punto,* y
    cuando los conectas
obtienes la cara de Primitivo. ¡Por favor! Pinta esa cara en mi
    mural.

These crossers are not restrictive stories; we know so much about
    them
and still they try and sneak narratives away from us,
stories we could use to catch more of them.
Treasure mine, trash yours.

Estos cruzantes no son relatos restrictivos, sabemos tanto de
     ellos
y aun así intentan escabullirnos narrativas,
historias que podríamos usar para atrapar a más de ellos.
Tesoro mío, basura tuya.

CUSTOMS' HOPE IS TO REPRESENT
THEMSELVES

Or misrepresent me. *A veces les importa.*
People love to hire me or keep me out,
but as long as I'm needed, right?
I'm the cities' prize possession
and their most despised possession. Because I'm so important,
because I'm so useless, I can connect the framework
of the simulation so that other crossers can stay off the map,
off the grid. I've loved the grid for so long,
I wouldn't know where to go without it.

\#

What's found in simulation is an inverted Primitivo, believing
    what he used to believe.

        When Primitivo built pyramids
            he may have been wiser than he is now, maybe,
    maybe not, but ruins are all he deserves.

How long 'til this fence is a ruin? Which ruins
are you working on? These headsets from five years ago!
The old models and I'm forced to sell them
to countries where they don't yet exist,
where this news is news to them.

Better to simulate than to fade away.

LA ESPERANZA DE ADUANAS ES
REPRESENTARSE

O tergiversarme. A veces le importa.
A la gente le encanta contratarme o dejarme afuera,
pero mientras me necesiten, ¿no?
Soy la preciada posesión de las ciudades
y su posesión más despreciada. Porque soy tan importante,
porque soy tan inútil, puedo conectar el entorno
de la simulación para que otros cruzantes se queden fuera del
    mapa,
off the grid. He amado la cuadrícula por tanto tiempo,
no sabría a dónde ir sin ella.

\#

Lo que se encuentra en simulación es un Primitivo invertido,
    creyendo lo que solía creer.

                Cuando Primitivo construía pirámides
                quizás haya sido más sabio que ahora,
quizás no, pero ruinas son todo lo que se merece.

¿Cuánto tardará este muro en ser una ruina? ¿En qué ruinas
estás trabajando? ¡Estos auriculares de hace cinco años!
Los modelos antiguos y me obligan a venderlos
a países donde todavía no existen,
donde estas noticias son noticias para ellos.

Mejor simular que desaparecer.

CROSSERS ARE MISSING SOMETHING,
YOU CAN TELL

They appear to slant inward toward themselves
on the bridge. They are pointing at their stomachs, but they are
    not hungry. They try to fill the void
with more simulation. The warmth of enclosed regions is the
    Crossers' goal.
Instead, they are shown the dubbed version of *Ice Age 2* in the
    holding cell.
This crosser is you, Primitivo, and you comb your hair in line at
    the bridge.

The industry attracted new workers into the zone of the border.
They cross for work, but their work is the crossing.
A collapsing of the laminated papers and the bureau, you,
all condensed into one moment of passing dotted lines on a
    map.
                                   All day you comb and comb,
                                     #hoping to pull through%
    some version of your face
that will be acceptable at the apex of the bridge.
    From there you see everyone who has already crossed
and you're jelly. You can't tell if you are charging or not.
You are plugged in to the charger but there is no battery symbol
    or light to designate a charge.
You just assume you are charging.

A LOS CRUZANTES LES FALTA ALGO, SE NOTA

Parece que se inclinan sobre sí mismos
en el puente. Se apuntan al estómago, pero no tienen hambre.
   Intentan llenar el vacío
con más simulación. La calidez de las curvaturas cerradas es su
   objetivo.
Pero les muestran la versión doblada de *Ice Age 2* en la celda de
   detención.
Este cruzante eres tú, Primitivo, y te peinas en la cola del puente.

La industria atrajo a nuevos trabajadores a la zona de la frontera.
Cruzan para trabajar, pero su trabajo es el cruce.
Un colapso de los documentos laminados, tú,
todo condensando en un momento de pasar líneas punteadas en
   el mapa.
                  Todo el día tú peina que te peina,
                  #esperando sacar adelante%
      una versión de tu cara
que habrá de ser aceptable en el ápice del puente.
     Desde ahí puedes ver a todos los que han cruzado
y te pones verde. No puedes saber si estás cargando o no.
Estás conectado al cargador, pero no hay un símbolo de batería
   ni una luz que indique carga.
Solo asumes que estás cargando.

I WANT TO LEAVE THIS PARTY HOSTED BY
CUSTOMS' BOSS

The coleslaw was dripping with mustard, ew.
There're even ewes, a sort of petting zoo type of party,
but who pets who?
There's also a diluted watercolor/passport station.
These *pasaportes* have to be diluted by watercolors.
It's easier to see the crosser's avatar when they're diluted,
instead of a concentrated form. There's also two simulation
    chairs,
like the ones they have inside the mall.

This simulation is called *Blue Heinie*.
Walk around us and look at our butts, they are blue.
I don't have any control or button or strategy in this one,
I'm one of those crossers that believe in the no strategy strategy.
I tried all the simulations at the party: *Casa del Terror,*
Blue Heinie and *NAFTA After Party*
and heaven knows I'm commiserable now.

In *NAFTA After Party* you have to translate
W-2's and log on to emails for crossers.

QUIERO IRME DE ESTA FIESTA ORGANIZADA
POR EL JEFE DE ADUANAS

De la ensalada de repollo goteaba mostaza, asco.
Hasta hay asnas, un tipo de fiesta con zoológico de contacto,
pero, ¿quién toca a quién?
También hay una estación de diluidas acuarelas / pasaportes.
Estos pasaportes se tienen que diluir con acuarelas.
Es más fácil ver el avatar del cruzante cuando está diluido
y no en forma concentrada. También hay dos sillas para simu-
      lación
como las que tienen en los centros comerciales.

Esta simulación se llama *Blue Heinie*.
Camina a nuestro alrededor y míranos las nalgas, son azules.
No tengo control ni botón o estrategia aquí,
soy uno de esos cruzantes que cree en la estrategia de la no
      estrategia.
Probé todas las simulaciones de la fiesta: *Casa del terror,*
Blue Heinie y *NAFTA After Party*
y jeven nous am miserabel nau.

En la *NAFTA After Party* tienes que traducir
planillas W-2 y meterte en los emails para cruzantes.

YOU HAVE A SISTER CITY IN JUÁREZ, BUT DON'T YOU ALSO HAVE A SISTER NAMED PRIMITIVA?

We were laws waiting in line.

In the holding cell my sis told me:
"All blankness leads to blankness," but I thought she said blankets.
We only had our papers to cover us
and my sis laid her face down
next to her laminated face. She had a dream
that the wind took her laminated paper.
She chased it and when she caught up, the face turned
into someone else's face but the name was still hers.

TIENES UNA CIUDAD HERMANA EN JUÁREZ, PERO ¿NO TIENES TAMBIÉN UNA HERMANA LLAMADA PRIMITIVA?

Éramos leyes que esperaban en cola.

En la celda de detención mi herma me dijo:
"Todo vacío lleva al vacío", pero pensé que había dicho cobijo.
Solo teníamos nuestros papeles para arroparnos
y mi herma se acostó bocabajo
junto a su cara plastificada. Soñó
que el viento se llevaba su laminado documento.
Salió detrás de él y al recuperarlo, la cara se convirtió
en la de otra persona pero seguía teniendo su nombre.

CAN YOU CAPTION
THIS CROSSER?

I'm captured by my captions.

Yes, the words lasso me and keep me in the snare of a sentence I
wrote.

I get over the fence the same way I get over my sentence,
wrapped in a mattress.

I use the passive voice to increase my chances of passing.

I won't be able to pass into the afterafterlife

because I just came from the after

with the guy from At the Drive-In.

¿PUEDES PONERLE SUBTÍTULOS A
   ESTE CRUZANTE?

Me capturan mis palabras.

Sí, las palabras me echan el lazo y me retienen en la trampa de la
oración que escribí.

Me encaramo en la valla de la misma manera que encaro mi
oración, envuelto en un colchón.

Uso la voz pasiva para aumentar mis probabilidades de pasar.

No podré pasar a la ulterior vida ulterior

porque apenas vengo del *after*

con el tipo de At the Drive-In.

NO VOUCHER EXCEPT THE THREAT
OF DEATH

for having their hair too short
or too long. You look like a cop
or a gang they don't know.
Or, you got a tattoo of *Buscando a Nemo*
forever suspended in yours
and your cousin's skin.

You'll have to shoot lasers at it
but the lasers only blur the tattoo
and replace it with an undefinable scar.
Like hoodoos after the wind
has shaped them, are still hoodoos.

There are those who should be wooed
and in your case, it's customs. After you cross you are asked to
    lose
what made you a crosser, your strength,
what you've only had a talent for, the crossing.
If you explain to the border
you got a *Finding Nemo* tattoo and now you can't go back
to your house, they don't believe you, they think you're lying.
To keep a straight face, I think about the border checkpoints.

The border checkpoints are serious places,
you can't joke with the agents. For them, laughing is the emotion
    they can't control.
I guess you can't control it either, dear crosser. Tell your friends.

NINGÚN VÁUCHER SALVO LA AMENAZA DE LA MUERTE

por tener sus pelos tan cortos
o tan largos. Te pareces a un policía
o a un pandillero que no conocen.
O te hiciste un tatuaje de *Buscando a Nemo*
suspendido para siempre en tu piel
y en la de tu primo.

Tendrás que dispararle con láser
pero el láser solo desdibuja el tatuaje
y lo reemplaza con una cicatriz indefinible.
Como *hoodoos* después que el viento
los ha esculpido siguen siendo *hoodoos*.

Hay aquellos que deben ser cortejados
y en tu caso, es la costumbre. Al cruzar se te pide que pierdas
lo que te hizo un cruzante, tu fortaleza,
para lo que solo has tenido talento, el cruce.
Si le explicas a la frontera
que hiciste un tatuaje de *Buscando a Nemo* y que no puedes
    volver
a tu casa, no te van a creer, piensan que estás mintiendo.
Para mantener una cara incólume, pienso en los puntos de con-
    trol fronterizo.

Los puntos de control en la frontera son lugares serios,
no puedes bromear con los agentes. Para ellos, la risa es la emo-
    ción que no pueden controlar.
Supongo que tampoco puedes controlarla tú, querido cruzante.
    Dile a tus amigos.

#########

This is a new road and you didn't think you'd cross a checkpoint

and you quickly itemize the things you have in your bag so as
    not to forget about them:

bedazzled jeans, the laminated version of you, this pamphlet for
    simulation. If you give the agent

in his little room some dollar signs he might let you keep your
    stuff. You're also trying to outbid

other crossers to get your papers, (so many *mordidas*!) but you're
    biting yourself. Or the desert outbids you

as you liquidate the evidence of yourself. You liquidate your only
    asset, your bedazzled jeans

and then when there's no liquid to drink you liquidate yourself.

You worked so hard to get to the country in the city.

Your life is a series called *Work* but at least you know it's real.

Every day you feel it, punching in while drinking *ponche ha-
    waiano*.

No palm trees here though, only cactus and even the cactus work
    hard to hold on to their liquid.

########

Este es un nuevo camino y no pensaste que pasarías un punto de
control
y rápidamente detallaste las cosas que tenías en el bolso para no
olvidarlas:
jeans con pedrería, una versión plastificada de ti, este panfleto
para la simulación. Si les das al agente
en el cuartito algunos signos de dólar tal vez te deje quedarte con
tus cosas. También tratas de
                                                    [pujar más alto
que otros cruzantes para obtener tus papeles (¡tantas mordidas!),
pero te estás mordiendo a ti. O el desierto te gana mientras
liquidas la evidencia de ti mismo. Liquidas tu única propie-
dad, tus jeans
                                                    [con pedrería
y entonces cuando no haya líquido para beber te liquidas a ti.
Trabajaste tan duro para llegar al país en la ciudad.
Tu vida es una serie llamada *Trabajo* pero al menos sabes que es
real.
Lo sientes cada día, ponchéandote al beber ponche hawaiano.
Aunque aquí ni una palmera, solo cactus e incluso el cactus se
esfuerza en conservar su líquido.

I WORK AT THE FACTORY WHERE WE
MANUFACTURE THE BORDER

All the factories have magnates
and Juárez is a magnet for factories.
They just appeared one day in 1994,
the same decade as *Terminator II: Judgment Day*.
Ah, nights I spent with the terminator I, I mean I.
We send Primitivo to the end of the line
and he doesn't even need to say anything,
we know we'll see him again.

"Quit using the border for your writing!" But no, I'm using the
    language of the users
of the border for my language cuffs, they fit so well on my frame.

The surface of Primitivo appears to be iridescent and on closer
    inspection
it's what we expected, it's his bedazzled jeans, the sun reflecting
    off his jeans.
Primi's whole outfit is made of rhinestone-bedazzled denim.

TRABAJO EN LA FÁBRICA DONDE
ELABORAMOS LA FRONTERA

Todas las fábricas tienen magnates
y Juárez es un magneto para las fábricas.
Aparecieron un día en 1994,
la misma década de *Terminator II: El juicio final.*
Ah, las noches que uno pasó con el terminator uno,
    uno digo uno.
Enviamos a Primitivo al final de la fila
y ni siquiera tiene que decir una palabra,
sabemos que lo volveremos a ver.

"¡Deja de usar la frontera para tu escritura!" Pero no, estoy
    usando la lengua de los usuarios
de la frontera para mis ataduras de lenguaje, me encantan en
    el cuerpo.

La superficie de Primitivo parece ser iridiscente y en una
    inspección más detallada
es lo que esperábamos, son sus jeans con pedrería, el sol
    reflejándose en sus jeans.
Todo el atuendo de Primi está hecho de mezclilla con pedrería
    de imitación.

DOES CUSTOMS SECRETLY WISH THEY
COULD TASTE THE CROSSERS?

I think Customs wants to know what they once tasted
like because Customs were once crossers in a past
crossinglife. And when they taste they recognize
a forgotten taste but it's been so long since they've tasted
themselves, they don't quite recognize themselves. It's sour
and at the same time unpleasant to their primitive tongue.
What they're tasting is their fave detainee, Primitivo.
If someone looks like you, does that mean they taste like you?
Well, what do you taste like? Customs is licking themselves,
nibbling their own shoulder trying to taste what they taste like.
Sabor a mi! Yes, a perfect description.

¿SERÁ QUE ADUANAS SECRETAMENTE DESEA PROBAR A QUÉ SABEN LOS CRUZANTES?

Creo que Aduanas quiere saber a lo que alguna vez
supo porque Aduanas fueron cruzantes en una pasada
vidacruzante. Y cuando prueban reconocen
un gusto olvidado, pero fue hace tanto desde que se probaron
que no se reconocen del todo. Es agrio
y al mismo tiempo un mal sabor para su lengua primitiva.
Lo que prueban es su detenido predilecto: Primitivo.
Si alguien se parece a ti, ¿quiere decir que sabe como tú?
Bueno, ¿a qué sabes? Aduanas se lame,
mordisqueándose el hombro en el intento de saber a qué sabe.
¡"Sabor a mí"! Sí, qué descripción tan perfecta.

SPEAKING OF ERR

We've gone so far in simulation and we haven't talked
about your name, have we? They named you Primitivo
because you were the first born in the border
simulator. You can be first but that doesn't mean
you get to stay. You're not a permanent.
It doesn't matter   you're a resident
because they were suspicious of your name
and you proved them right,
you were first in line but also a primitive.
You weren't as strict as Customs, but like Popeye
said: "If I'm not me, who am I? And if I'm somebody else,
why do I look like me? I yam
what I yam" but on the border it's *camote*.

HABLANDO DE ERRAR

Hemos llegado tan lejos en la simulación y no hemos hablado
sobre tu nombre, ¿verdad? Te llamaron Primitivo
porque fuiste el primero en nacer en el simulador
de fronteras. Puede que seas el primero, pero eso no implica
que te puedas quedar. No eres un permanente.
No importa que seas residente
porque sospecharon de tu nombre
y les diste la razón,
fuiste el primero en la línea, pero también un primitivo.
No eras tan estricto como Aduanas, pero como Popeye dijo:
"Si no soy yo, ¿quién soy? Y si soy otro,
¿por qué me parezco a mí? Soy yo
y con eso batata" pero en la frontera es "camote".

WATCH OUT FOR VOICES THAT DON'T
MATCH THEIR FACE

Look at all these potential crossers
we get to film without their consent. The image of these
migrants at the border is public access, they are stock images
and this is why we make you, Primitivo,
paint murals of the rural crossers. The same reason
classical music is used in movies. The crossers,
like the classical piece by Bach, are open
domain, they are open for your documentary
or mural depicting the border. The only protection
these crossers have is to cover their face
with their phone and sometimes it's a rotary phone
so you can still see their eyes.
These crossers, they came to have their image recorded
and perhaps projected and used in a billboard or a meme
and their children stuck in the Yucatan
will one day maybe (maybe)
see the billboard and they'll say, "That is my mom,
that is my dad. They left so their images could be used
and their data sold because they are the only real people left."
The mural people are the rural
people and we're trying so hard to
remember what it's like to be rural
because they err.

CUIDADO CON LAS VOCES QUE NO CALZAN
CON SUS CARAS

Mira a todos estos cruzantes en potencia
que llegamos a filmar sin su consentimiento. La imagen de estos
migrantes en la frontera es de acceso abierto, son imágenes de
    archivo
y por eso te hacemos, Primitivo,
pintar murales de los cruzantes rurales. Por la misma razón
que se utiliza música clásica en el cine. Los cruzantes,
como las piezas clásicas de Bach, son de dominio
público, y están libres para tu documental
o mural que representa la frontera. La única protección
que tienen estos cruzantes es cubrirse la cara
con su teléfono y algunas veces es un teléfono de disco
así que todavía se les pueden ver los ojos.
Estos cruzantes vinieron para que su imagen la grabaran
y a lo mejor proyectaran y usaran en una valla publicitaria o un
    meme
y sus hijos varados en la Yucatán
verán quizás (quizás) algún día
la valla y musitarán: "Esa es mi mamá,
ese es mi papá. Partieron para que pudieran usarse sus imágenes
y venderse sus datos porque son las únicas personas reales que
    quedan".
La gente del mural es la gente
rural y estamos tratando de
recordar cómo era ser rural
porque erran.

WE TOOK PRIMITIVO'S VOICE WITH A
CASSETTE RECORDER

We've been waiting to take his voice for years
because it's been said that those who hear
Primitivo's voice can hear themselves in the past.
If we can return to our voices we can shed our badgesuit;
walk out of the badge and into Primitivo's skin
that has detained us (the detainers)
with its promise of constant returning.
The line never ends and thus our job will never end.

Primitivo was one of the endless streaming
where there is no stream
and we were happy to guide him
into our vernacular hut. We asked him to sum up
this crossing in one phrase
and he said: "Because I cross the border, it exists; a procedure
of spectator, a life that throbs
and bulges extra organs and layers of artificial skin."
A continual reply-all effect.

TOMAMOS LA VOZ DE PRIMITIVO CON UN GRABADOR DE CASETE

Hemos querido tomar su voz por años
porque se dice que aquel que oye
la voz de Primitivo se puede oír en el pasado.
Si podemos volver a nuestras voces podemos largar nuestros
    trajesinsignia;
salirnos de la insignia y hacia la piel de Primitivo
que nos ha detenido (a nosotros los que detienen)
con su promesa del eterno retorno.
La línea nunca termina y por lo tanto nuestro trabajo nunca
    habrá de terminar.

Primitivo era uno del *streaming* sin fin
donde no hay arroyo,
y con gusto le guiamos
hacia nuestra caseta vernácula. Le pedimos que resuma
su cruce en una frase
y dijo: "Porque cruzo la frontera, existe; un procedimiento
de espectador, la vida que palpita
y de la que manan órganos extra y capas de piel artificial".
Un efecto continúo de *reply-all*.

CUSTOMS RESURRECTED YOU, PRIMI, BECAUSE THEY NEED MORE OF YOU TO MAKE THE BORDER EXIST

They used to try and deter crossers
by making them believe they had already crossed.
You are already here they'd say.
They'd show you a video of you crossing.
It looked so much like you it must have been you.
But now they need you to cross
and you have passed to the afterafterlife
and risen again and have crossed the desert
and you guess you're in simulation now,
unable to dissimulate only creating dollar signs and your buddies
can only say four words: work Mylar blank x.
The x is important because it can mean no,
it can mean here, it can mean meet me,
it can mean *peligro*, it can mean the spot,
it can mean intercourse, it can mean interzone, it can mean
simulation, it can mean reality, it can stand
-in for the crosser, it can stand-in for what doesn't
cross, it can stand-in for your tongue swapping saliva
with another tongue, it can mean meet me
at the gate and give me the bedazzled jeans,
it can mean whisper to me
how to get out of simulation.
You're not there but your double is.
You're not there and you never were.

ADUANAS TE RESUCITÓ, PRIMI, PORQUE NECESITA MÁS DE TI PARA HACER QUE EXISTA LA FRONTERA

Solían intentar disuadir a los cruzantes
haciéndoles creer que ya habían cruzado.
Ya estás aquí, decían.
Te mostraban un video de ti cruzando.
Se parece tanto a ti tienes que ser tú.
Pero ahora necesitan que cruces
y has pasado a la ulteriorulteriorvida
y te has levantado de nuevo y has cruzado el desierto
y adivinas que ahora estás en simulación,
incapaz de disimular solo creando signos de dólar y tus cuates
pueden solo decir cuatro palabras: trabajo Mylar vacío x.
La x es importante porque puede significar no,
puede significar aquí, puede significar encuéntrame,
puede significar peligro, puede significar el sitio,
puede significar entrepierna, puede significar entrezona, puede
    significar
simulación, puede significar realidad, puede sustituir
al cruzante, puede sustituir lo que no
cruza, puede sustituir tu lengua intercambiando saliva
con otra lengua, puede ser encuéntrame
en la puerta y dame los jeans con pedrería,
puede ser susúrrame
cómo entrar en simulación.
No estás aquí pero tu doble, sí.
No estás allá y nunca lo estuviste.

CUSTOMS REMAKES THE MAP
OF THE BORDER

/ / /

ADUANAS REHACE EL MAPA DE LA FRONTERA

/ / /

CROSSERS, I WILL REMAKE YOUR FACES

in the image of Customs and the image of Customs
is a mural of rural crossers, going into simulation (a map
that leads you straight to me) just sit still
while I sketch your portrait.
We need an updated sketch of you.
This image of the crosser is from forty years ago
when you could just pass through the fence in El Paso.
We need to know what crossers look like now.
Or, will I remake you in the image of myself?
Oh, that would be *bien padre*, dipping myself into myself.
Your voice spurts out of my pen as I fill out the extradition form
    for you.
I'm crossing my t's and dotting my *Primitiva*s,
one dot for each attempted cross
and all these dots start to look like pointillism,
and that's the point!

Customs is drawing a spiral over their face
and they're unhappy with their sketch
(the likeness isn't strong) with a messy spiral over
their portrait—it looks more like a maze
of their face. That's something you know!
You've spent your whole life
with mazes as your jailor.
You have the image of it,
the maze of the city, in your memory,
even if you can't see it at first,
your eyes adjust before you do.

CRUZANTES, LES REHARÉ LAS CARAS

a la imagen de Aduanas y la imagen de Aduanas
es un mural de cruzantes rurales, entrando en simulación
    (un mapa
que los lleva directo hacia mí) solo quédense quietos
mientras esbozo sus retratos.
Necesitamos un boceto que esté al día.
Esta imagen del cruzante es de hace 40 años
cuando simplemente se podía llegar a El Paso atravesando la
    cerca.
Tenemos que saber cómo son los cruzantes ahora.
¿O los rehago a mi imagen y semejanza?
Oh, eso sería bien padre, mojándome de mí.
Tu voz chorrea de mi bolígrafo como si llenara tu planilla de ex-
    tradición.
Estoy poniendo los puntos sobre las íes de mis Primitivas,
un punto por cada intento de cruce,
y todos estos puntos empiezan a verse como puntillismo,
¡y ese es el punto!

Aduanas está dibujando un espiral sobre sus caras
y no les place su boceto
(el parecido no es fuerte) con una espiral turulata sobre
su retrato—parece más un laberinto
de su cara. ¡Eso es algo que sabes!
Te has pasado la vida entera
con laberintos como carceleros.
Tienes la imagen,
el laberinto de la ciudad, en tu memoria,
incluso si al principio no puedes avistarla,
tus ojos se adaptan primero que tú.

HERE'S SOME MORE ADVICE

If you get lost, use power lines as guides.
The generated responses will try and fool you,
make you believe there is a border where there isn't one.
Do not resist arrest, dialogues restricted scope.
Better to be detained than be lost.
Refuse to make a declaration
or sign documents. Blur the distinction between crossers.
The best formula is to not alter your routine
at work or at home, like a synchronized sound recording. If a
     fight breaks out in a bar,
leave for in the confusion you could be arrested
even though you did nothing.

AQUÍ VAN MÁS CONSEJOS

Si te pierdes, usa el cableado eléctrico como guía.
Las respuestas automáticas tratarán de engañarte,
te harán creer que hay una frontera donde no la hay.
No te resistas al arresto, alcance restringido de diálogos.
Es mejor estar detenido que estar perdido.
Rehúsate a dar una declaración
o firmar documentos. Disipa la distinción entre cruzantes.
La mejor fórmula es no alterar tu rutina
en el trabajo o en la casa, como una grabación sincronizada de
    sonido. Si estalla empieza una pelea en un bar,
vete porque en la confusión podrían arrestarte
aunque no hayas hecho nada.

YOU CAN'T UN-LATINO ME

Especially when I use my downstairs face.

By the river you'll find me, the king of illegal streams.
For action-adventure I only use Diesel.

If I'm going to El Paso, I use my upstairs face.

The border is a tactic and a symptom. It accuses
you of committing the crime it's committing. You of landing
what it's lording. There's a border and then there's a hidden
     border
one I can only access through murmurs.
I murmur for the cages in children.
I murmur for the butter patrol.
I murmur for the costume agent.
I murmur for the Daewoo that carries me to my new home.
I murmur for the Rosser, the plot,
and the king of illegal streams.

In the TV show *Caso Cerrado*, I demanded my case be closed
     but the *demandado* clicked on my face
and said, "My enemy's frenemies are my enemy's frenemies."
I told the judge that I've tired out all the avatars and the avatars
     are tired
because there are more videos about the border than there is
     border.

I agree to record my crossing.
I turn on my phone as I walk up the bridge.
I need to give the impression that this crossing is voluntary.
I chose a time, I made an appointment.

NO PUEDES DES-LATINIZARME

Especialmente si pongo mi cara de los de abajo.

Por el río me hallarás, el rey del *streaming* ilegal.
Para aventuras de acción solo pongo Diesel.

Si voy a El Paso uso mi cara de los de arriba.

La frontera es una táctica y un síntoma. Te acusa
de cometer el crimen que comete. A ti de terrear
de lo que es teniente. Hay una frontera y también hay una que
    se oculta,
una que solo yo puedo acceder con murmuraciones.
Murmullo por las jaulas en los niños.
Murmullo por la patrulla terriza.
Murmullo por el agente de lana.
Murmullo por el Daewoo que me lleva a mi nueva casa.
Murmullo por el Rosseante, el lote,
y el rey del *streaming* ilegal.

En el programa de tv *Caso Cerrado* pedí que mi caso fuera
    cerrado, pero el demandado clicó en mi cara
y dijo: "Los eneamigos de mis enemigos son los eneamigos
    de mis enemigos".
Le dije a la jueza que agoté todos los avatares y que los avatares
    están agotados
porque hay más videos de la frontera que frontera misma.

Acepté grabar mi cruce.
Prendí mi teléfono mientras caminaba en el puente.
Tengo que dar la impresión de que este cruce es voluntario.
Elegí una hora, hice una cita.

THE CROSSERS MIMIC HYDRA YET
REMAIN DEHYDRATED

                          B
                           e
                                        cause there's
    a
      a
        a   s
          a   s
            n   s
              n
                o   t her   on   e   s s
    ne right
    behind her, in line
    dear crosser,
    the border is u
                    u
                      u
                        u
                        Pp w ww www ww ww   w   w
    stream from reality   w
    in the sssssss   he   r e
              h
                    adow Of Texas   large
    boll 11 ll ards
          create dolllllllllll l I   I ars   the paper that never lives,
                                                     or lies.
    M mm mm
          o
          U
          N t ain ,   you've always been a text-shhh
    ad ow chasing   your bodie's   bb odie's shado w

LOS CRUZANTES IMITAN A LA HIDRA PERO
SIGUEN DESHIDRATADOS

                                    p
                                     o
                                      r

                                        que hay
    o
      o
        o
                                                    y
          o   y
            t   y
              t
                t   r   rr   o o o   s   s
    oo justo
    detrás de ella, en fila
    querido cruzante,
    la frontera está c
                    o
                      r
                        r
                        i e n te d dd ddd dd dd d   d
    arriba de la realidad   n
    en la sssssss   de   e e
              o
                  mbra De Texas   grande s
    boll 1 1 ll ardos
          hacen dóllllllllll l I   I ares   el papel que nunca vive,
                                                      o miente.
    M mm mm
        o
        O
          N t aña ,   siempre has sido un texto-ssss

    om bra siguiendo   la sombra   ddel cuerpo dde tu cuerp o

WORKING FOR CUSTOMS IS LIKE BUILDING
A CATHEDRAL

The arch defines the story of its making
and this part of the border is named for its shape, the Big Bend.

From *The Annotated Mona Lisa:*
"Plastic casts of figures set
in actual environments.
By wrapping surgical bandages
around living people,
he created eerily lifelike stark sculptures.
Although cast from the living image,
Segal's molded people are ghostly
and depersonalized. Often in a group
as on a bus, they project loneliness and alienation.
Segal fuses reality with unreality
to intensify the impact of ordinary experience."

And the ordinary experience is waiting in line
at the bridge to get back into El Paso.
We alter the crosser to unfold the crosser
and unfolded we can see their creases and angles
and appreciate them in their full expression.
The song "Expressway to Your Skull" is played all day
when Primitivo is detained in my vernacular hut.
You are a guest of mine and I'm the host.

I've drawn many faces like yours
and you're lucky that I'm speaking to you.
I usually send crossers out without grace
but you are different, you have a face

TRABAJAR PARA *CUSTOMS* ES COMO
CONSTRUIR UNA CATEDRAL

El arco define la historia de su construcción
y esta parte de la frontera tiene un nombre que deriva de su
    forma, el *Big Bend*.

De *La Mona Lisa comentada:*
"Moldes de escayola de figuras ubicadas
en entornos reales.
Al envolver personas vivas
con vendajes quirúrgicos
creaba esculturas de una vida cruda y bizarra.
Aunque moldeados según la imagen viva,
las figuras de escayola de Segal son fantasmagóricas
y despersonalizadas. A menudo en grupo
como en un autobús, proyectan soledad y alienación.
Segal fusiona realidad con irrealidad
para intensificar el impacto de la experiencia ordinaria".

La experiencia ordinaria es esperar en la cola
del puente para volver a El Paso.
Alteramos al cruzante para desenvolver al cruzante
y desenvuelto podemos ver sus pliegues y ángulos
y apreciarlos en su máxima expresión.
La canción "Expressway to Your Skull" suena todo el día
cuando Primitivo está preso en mi caseta vernácula.
Tú eres mi invitado y yo soy tu anfitrión.

He dibujado muchas caras como la tuya
y tienes suerte de que te esté hablando.
Usualmente envío cruzantes sin gracia
pero tú eres diferente, tienes una cara

and that's what I crave, that's what I draw,
your features, dear crosser.

Each crosser is a different part of the corpus.
We have stand-ins but for the first time
a crosser is performing as one.
Usually, its Customs simulating both.
We "catch them" but they are soon released back
into the badge. You used to have to know
fences and now you have to know deserts.

　　This comedy of crossing requires
a transformation and its Primi's transformation story

that we're most interested in. Reveal the new foundations
and the aluminum siding.
Remove the *autobus*! Remove the autocorrect!
But what was behind the correction
none of us could have imagined.

This house was built from their bedazzled jeans,
jansports, and tuna cans,
the ones they left behind in the cholla.

y es lo que se me antoja, es lo que dibujo,
tus rasgos, cruzante querido.

Cada cruzante es una parte diferente del corpus.
Tenemos suplentes, pero por primera vez
un cruzante actúa como tal.
Usualmente es Aduanas simulando los dos.
"Los capturamos" pero los liberamos pronto
de nuevo a la chapa. Solías tener que saber de
cercas y ahora tienes que saber de desiertos.

Esta comedia del cruce pide
una transformación y es la historia de la transformación
    de Primi

que más nos interesa. Revela las nuevas fundaciones
y el revestimiento de aluminio.
¡Quiten el autobús! ¡Quita el autocorrector!
Pero lo que estaba tras la corrección
nadie podía haberlo imaginado.

Esta casa se construyó con sus jeans con pedrería,
jansports y latas de atún,
esas que dejaron detrás de la cholla.

WILL WE BE MADE PRIVATE ONLY VISIBLE
TO OURSELVES?

The crossers were cropped with areas of their face left out or
    framed
in close-ups. Our operation is streamlined so that the crossers
    can catch themselves,
represent themselves, and then drive their lives back
to where we want them and don't want them. These crossers
    practically catch themselves.

The crosser's signature was their bite marks. When you bite this
    paper, Pri, I know it's you
from the gap in your teeth and it was a gap in the border fence
    that brought you here.

As scythes gallop across a desert, we linger in the vast storeroom
    of your eyes, Primi.

¿QUE NOS HAGAN *SHADOWBAN* SERÁ SOLO VISIBLE PARA NOSOTROS?

Los cruzantes fueron recortados con áreas de su cara dejadas
    fuera o enmarcados
en close-ups. Nuestra operación está definida para que los
    cruzantes se capturen,
se representen y luego lleven sus vidas
hacia donde las queremos y no las queremos. Estos cruzantes
    prácticamente se capturan a sí mismos.

La firma del cruzante es su mordida. Cuando muerdes este
    documento, Pri, sé que eres tú
por la separación entre tus dientes y fue una separación entre
    los barrotes del cerco lo que te trajo aquí.

Como guadañas galopan a lo largo del desierto, persistimos
    en el vasto silo de tus ojos, Primi.

THE ONLY YOU LEFT IN
THE BORDER SIMULATOR

/ / /

EL ÚNICO TÚ QUE QUEDA EN
EL SIMULADOR DE FRONTERAS

/ / /

YOU GO TO A SPURS GAME

The crowd that you're a part of
rolls out a canvas above their heads
and it feels like you are in an enclosed space,
a roof now over your head. The canvas spells
out "We Need a Better Job" and at this point
on the map, at this mesh, you can't be blamed
for wanting a job with Customs (or can you?
There's plenty of blame to go around
so maybe you can soak some up for us).
Once a mural, always a mural; some closed-eye visual.
    The narrative
in this composition is you at Ross buying the clothes
    you sewed.

VAS A UN JUEGO DE LOS SPURS

La multitud de la que formas parte
desenrolla una tela sobre sus cabezas
y se siente como si un espacio estrecha
un techo ahora sobre tu cabeza. La lona reza:
"Necesitamos un mejor trabajo" y en este punto
del mapa, en esta malla, no se te puede culpar
por querer un trabajo en Aduanas (¿o sí?
Hay un montón de culpa por repartir
así que tal vez puedas absorber un poco en nuestro nombre).
Una vez un mural, siempre un mural; unas visualizaciones
    ojo-cerrado. La narración
de esta composición eres tú en Ross comprando la ropa
    que cosiste.

ALL YOUR STYLES LOOK LIKE
OTHER CROSSERS' STYLES

Real women have traveling pants
and they sew these pants and maps
and then these bedazzled mapjeans get to
cross into simulation, but they, the ache-rs—
sorry, the makers of the jeans, can only paint
murals of themselves crossing in.

This *fábrica* sews maps
of cities (and I.D. cards) onto Mylar blankets. Unfortunate maps
draw the necessary frontier, ok? The map creates the land
instead of the other way around.

If you're ever feeling down (snicker)
because you couldn't pass, just flip
the map so it looks like you're on top.

TODOS TUS ESTILOS SE PARECEN A
LOS DE OTROS CRUZANTES

Mujeres de verdad tienen pantalones que viajan
y cosen estos pantalones y mapas
y luego estos mapantalones con pedrería logran
cruzar a la simulación pero ellos, los padecedores—
perdón, los hacedores de los jeans—solo pueden pintar
murales de ellos mismos cruzando.

La fábrica cose mapas
de ciudades (y documentos personales) en las mantas Mylar.
    Los mapas desafortunados
dibujan la frontera necesaria, ¿ok? El mapa crea la tierra
y no al revés.

Si alguna vez te sientes triste (risita)
porque no pudiste pasar, solo dale
la vuelta al mapa para que parezca que estás encima.

YOU WHOM THEY BORDER

you border crosser
in this simulation,
you constantly slip
and call one border
by the other's name
the names aren't straight inside
of you and you conflate one
with two, because   you still
yearn for another border—
four crossers hidden
in a 4x4 that every day
an irrigated jeep tries to cross

this is the border simulator
where you imagine
your way through
the relationship, a Niagara Falls
of catch and release you can pretend
to get chased by someone
who looks like you
employed by the border
to grab others like you
      that's the number
of remains found
in the year not the deaths
you can catch the catcher
of catchers who funnel
crossers into more habitable
parts their words don't know
how to border each other

CUUCUÚ ERPO A QUIEN ELLOS LIMITAN

tú cruzante fronterizo
en esta simulación,
constantemente devaneas
y llamas a una frontera
por el nombre de la otra
los nombres no están claros en ti
y confundes uno
con dos, porque todavía
anhelas otra frontera
—cuatro cruzantes escondidos
en una 4x4 que todos los días
un irrigado jeep intenta cruzar

este es el simulador de fronteras
donde imaginas
tu paso en
la relación, un Salto Ángel
del *catch and release* puedes pretender
que te persigue alguien
parecido a ti
empleado por la frontera
para atrapar a otros como tú
    ese es el número
de restos encontrados
en el año no las muertes
puedes atrapar al que atrapa
a los atrapadores que encauzan
cruzantes hacia más habitables
partes sus palabras no saben
cómo ponerse una barrera

their worlds don't know
how to border each other
or where to draw the imaginary
dotted line we were crossing
and it was fine until the words
left us and we couldn't see
each other's eyes or fear,
but we knew it was there
and their bland *coyote*
is all bright division
with his shoulders
over the desert and
through the cholla

there's pressure
to keep the cars moving
Bachelard says humans love
caves and hidden drawers
I've seen Guatemalans in little cupboards
in the back of their trucks
in clever compartments
once over, they pop out
with open arms and say *cabrón*

sus mundos no saben
cómo ponerse una barrera
o dónde dibujar la imaginaria
línea limítrofe que estábamos cruzando
y cuando ígneas se tornaron las palabras
nos dejaron y no podíamos vernos
a los ojos o nuestro miedo
pero sabíamos que estaban ahí
y su coyote blando
es toda clara división
con sus hombros
sobre el desierto
y por la cholla

hay presión
para mantener los carros pasando
Bachelard dice que a la gente le encantan
las cuevas y los cajones ocultos
he visto guatemaltecos en gabinetitos
en la parte trasera de sus trocas
en compartimientos ingeniosos
al pasar, saltan de brazos
abiertos y dicen "cabrón"

THIS WAS THE BORDER SIMULATOR

user's-manual/how to Try crossing
out the word simulator then
take out the   border You see
the border you want to see You're separate from
those you call them They're simulated versions of yourself Who
    patrols
our thoughts at night You know the ones that get across

################

They're better suited for Mexico anyways

*

In the border simulator you are the gift and you are the giver
of a wall between what you accept

and won't let pass The border changes
perceptions so it's a tricky cross
to the land of they-have-the-papers You can't
carve away or be separate
from those you call them They're simulated
versions of yourself north of the X
where you pass The border exists
because people walk over
It's defined by those that cross Outsiders
think they shape it and they do

bind/separate

ESTE ERA EL MANUAL DE USUARIOS

del simulador de fronteras / cómo Intenta tachar
la palabra simulador luego
elimina la   frontera que Tú ves
la frontera que quieres ver de esa Estás separado
de esos que llamas ellos Son tus versiones simuladas Quién pa-
    trulla
nuestros pensamientos en la noche Conoces a los que logran
    cruzar

################

Son más aptos para México de todos modos

*

En el simulador de fronteras eres el regalo y eres quien regala
un muro entre lo que aceptas

y no dejas pasar La frontera cambia
percepciones así que tiene su truco este cruce
a la tierra de ellos-tienen-los-papeles No puedes
cercenarte o separarte
de quienes llamas ellos Son tus versiones
simuladas al norte de la X
donde pasas La frontera existe
porque la gente la camina
La definen esos que cruzan Los *outsiders*
piensan que la moldean y así es

amarra / separa

Cause some need to bind
        to be separate

*

Simulator you become the gift and the giver
when there are too many people crossing In
reality custom brokers are overwhelmed with *manifiestos*
where you get tax back in exchange for proof
the gods, sorry, the goods have rebounded south

but in simulation *manifiestos* are the transporting
of farmhands They help you gesso and line up the words
"*¿Esos son Reebok o son Nike?*" on the border wall

*

Border is hiding/showing vulnerability because it wants you
among all the hybrid borders in this room you're the border
border dreamed as a certain grid but it's a simulation We
wouldn't want it to keep going cause then we'd be navigating
Albuquerque retelling the time we saw *My Life
With the Thrill Kill Kult* A fence of constant translation

The border of arrow never-erring

#######################

In this simulation you don't need to think
about identity because everyone is bordered

by the phrase #You speak with
an accent but don't think in one

que unos tienen que amarrar
    para separarse

*

Simulador te conviertes en el regalo y en quien regala
cuando hay demasiada gente cruzando En
realidad los agentes aduanales están desbordados con manifiestos
donde te devuelven los impuestos a cambio de pruebas
de genes, perdón, de que los bienes han rebotado al sur

Pero en la simulación los manifiestos son el transporte
de manos campesinas Te ayudan a poner el yeso y alinear las pa-
    labras
"¿Esos son Reebok o son Nike?" en el muro fronterizo

*

La frontera esconde / muestra vulnerabilidad porque te quiere
entre todas las fronteras híbridas en este cuarto eres la frontera
frontera soñada como una cierta cuadrícula pero es una simu-
    lación No
quisiéramos que continuara porque entonces estaríamos nave-
    gando
Albuquerque repitiendo la historia de cuando vimos *My Life
With the Thrill Kill Kult* Una cerca de constante traducción

La frontera de la flecha in-cesante

#######################

En esta simulación no tienes que pensar
en identidad porque todo el mundo está franqueado

You're unsure of your accent Outside of the border
you're told you have one You've lived here
your whole life so you're not sure#

#Your Uncle Frankie Fernandez helped build the W fence
in 2007 They were paying $20 an hour
to mesh the fence with the imaginary
border He needed the money
The simulator didn't notice
it was already happening

$$$$$$$$$$$$$$$$$$$$$$$$$$$$$$$
Draw a picture of a family negotiating the border
between themselves and their family in Mexico Slip
it into the mesh of the border fence#
Sega Nintendo / super genesis
#####################

Nationalism in the border simulator

In the border simulator you spend all day
with the Salvis who've crossed/made it past Talk
about how *hormonas* in *pollo* make *güeros jotos*

In the simulator dialect/intuition are immigrant.
As you crossed the border you were slimmer and
with debt you think in an accent
and with death you think in an accent

*

In the simulator empathy is ne'er a word
but it's hard not to feel something near
its definition as a border in your thoughts

por la frase #Tú hablas con
acento pero no piensas con acento

No estás seguro de tu acento Fuera de la frontera
te han dicho que tienes acento Has vivido aquí
toda tu vida de modo que no estás seguro#

#Tu tío Frankie Fernández ayudó a construir la valla W
en 2007 Le pagaban $20 la hora
por mallar la valla con la imaginaria
frontera Él necesitaba el dinero
El simulador no se dio cuenta
de que ya estaba pasando

$$$$$$$$$$$$$$$$$$$$$$$$$$$$
Haz un dibujo de una familia negociando la frontera
entre ellos y su familia en México Deslízalo
por entre la malla de la valla fronteriza#
Sega Nintendo / super génesis
######################

Nacionalismo en el simulador de fronteras

En el simulador de fronteras te pasas todo el día
con los salvis que han cruzado / llegado más allá de Hablemos
de cómo las hormonas en el pollo hacen güeros jotos

En el simulador dialecto / intuición son inmigrantes.
Cuando cruzaste la frontera estabas más delgado y
en las deudas piensas con acento
y en la muerte piensas con acento

about the void you cross
through and back again

de-simulating the border
the same way you came
Simulation categories:
Border living in Juárez
Border living in Nogales

Coyote in Chihuahua
Forced coyote *tachas*

Quinceañera at BB's Hall
Chambelan at Los Portales wedding venue

Stuck in Nogales Sonora waiting to pass again
Translating W-2 instructions for co-workers

Paying a *mordida* to keep your fence shop
Operation Streamline

Operation Streamline 2
Humane borders ride along

Visiting the *comedor*
Waiting to pass 1

Waiting to pass again
Write 100 more

*

*

En el simulador empatía nu'ca es una palabra,
pero es difícil no sentir algo que se le parezca
su definición como una frontera en tus pensamientos
sobre el vacío que cruzas
ida y vuelta

di-simular la frontera
del mismo modo viniste
Categorías de la simulación:
La vida de frontera en Juárez
La vida de frontera en Nogales

Coyote en Chihuahua
Coyote de tachas a la fuerza

Quinceañera en el BB's Hall
Chambelán en salón de festejos Los Portales

Varado en Nogales esperando reingresar
Traduciendo instrucciones de la W-2 a compañeros de trabajo

Pagando una mordida para mantener tu tienda de vallas
Operación Streamline

Operación Streamline 2
Copiloto de Humane Borders

Visitando el comedor
Esperando pasar 1

Esperando pasar 2
Escribir 100 más

You were carrying on like usual in simulation Not
out of fear but a longing for the border You wanted
to return What was the border?

A return to what you knew
a border of lock-the-workers-in or receding
into a version of yourself along the border

*

In each simulation
the people you meet their mouths
are open they can't close The rain that doesn't
fall for ages but then won't stop in simulation

*

Debt and death in the border simulator

The photos you find on the wall
offer a map of how to cross You thought you forgot
how many borders had been made You could keep track
Use the cheat code where you flip the map
so it looks like we're on top This view
allows for a purpose to cross

Many don't want to leave the simulation
Their time is up and there are others waiting

*

*

Seguías como siempre en simulación No
por miedo sino por el deseo de volver a la frontera Querías
volver ¿Qué era la frontera?

Una vuelta hacia lo que sabías
una frontera encierra-trabajadores o retrocédete
a tu versión intramural

*

En cada simulación
la gente que conoces sus bocas
están abiertas no pueden cerrar Las lluvias que no
caen por años pero luego no paran en simulación

*

La deuda y la muerte en el simulador de fronteras

Las fotos que ves en la pared
ofrecen un mapa de cómo cruzar Pensaste que habías olvidado
cuántas fronteras se han hecho Podrías mantener un registro
Hacer el truco de voltear el mapa
para que parezca que estás en la cima Esta vista
se presta al propósito de cruzar

Muchos no quieren dejar la simulación
Su tiempo acaba y hay otros esperando

*

When I look through the holes in the border wall
there's a pair staring back at me %

The voice that belongs to those eyes says
"On this side everything is *con weenie*
and there's only *PlayStation dos.*"

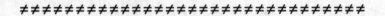

Cuando veo por los huecos del muro fronterizo
hay un par que se me queda mirando %

La voz que le pertenece a esos ojos dice:
"De este lado todo es con *weenie*
y solo hay PlayStation dos".

≠≠≠≠≠≠≠≠≠≠≠≠≠≠≠≠≠≠≠≠≠≠≠≠≠≠≠≠≠

YOU'VE ALWAYS BEEN A
BORDER SIMULATOR

resident, never real or simulated
      and the crossers see that you're not real or simulated
      and they're not sure if they are
      a mural of rural crossers

you simulate what a person with papers would say/
would act like so that you can cross over
your accent is hard to understand
you have trouble saying your name and you say it anyway
Customs are suspicious because you can't say your name

so they take you in and make you paint murals of crossers at the
    border
the murals warn crossers of what might be waiting for them
the unswerving future
                        an 8-bit desert

all day you paint in the border simulator
portraits of crossers and their portrait is their face covered by a
    phone

you paint murals of crossers going into the simulation
their faces also covered by their phones but you can see their
    eyes and they're scared of crossing
you ask them to pretend there is water   they can only pretend
    there is water
                                        so long
after your service to the simulator you practice traversing your
    words

SIEMPRE HAS SIDO UN SIMULADOR
DE FRONTERAS

un residente, nunca verdadero o simulado
y los cruzantes ven que no eres real ni simulado
y no están seguros de si ellos son
un mural de cruzantes rurales

simulas lo que diría una persona con papeles
actuarías como si pudieras hacerte pasar
tu acento es difícil de entender
se te hace difícil decir tu nombre y de todas maneras lo dices
Aduanas sospecha de ti porque no puedes decir tu nombre

así que te detienen y te hacen pintar murales de cruzantes en la
  frontera
los murales advierten a los cruzantes lo que les espera
el futuro inquebrantable
       un desierto de 8 bits

todo el día pintas en el simulador de fronteras
retratos de cruzantes y sus retratos son sus caras cubiertas por un
  teléfono

pintas murales de cruzantes entrando en simulación
sus caras también cubiertas por sus teléfonos pero puedes verles
  los ojos y tienen miedo de cruzar
les pides que pretendan que hay agua solo pueden pretender
  que hay agua

            hasta la vista
tras tu servicio en el simulador practicas atravesar tus palabras

or the simulation traverses you this simulation isn't a question of
    fake
or reality but a performance of saying your name

if the simulation survives you also survive and you keep it alive
    by crossing
the simulation exists because you cross into it and you love the
    threshold
when you speak of the border simulator you're really speaking
    about

how a dollar sign can open up a whole new world of crossing

you go to the front of the line Customs asks you less questions
in simulation you can pay off *la policía*
it's harder to do that in reality
but it's not the result you want
and the simulation is a results-based game

when you speak of the border simulator you're really speaking
    about the X,
where the two worlds meet

o la simulación te atraviesa esta simulación no es un asunto de
    falsedad
o realidad sino un performance de pronunciar tu nombre

si la simulación sobrevive tú también sobrevives y la mantienes
    viva al cruzar
la simluación existe porque tú la cruzas y amas el umbral
cuando hablas del simulador de fronteras realmente estás
    hablando

de cómo un signo de dólar puede abrir todo un nuevo mundo
    del cruce

vas al frente de la fila Aduanas te pregunta menos preguntas
en simulación puedes pagarle a la policía
es más difícil hacer esto en la realidad,
pero no es el resultado que buscas
y la simulación es un juego que se basa en resultados

cuando hablas del simulador de fronteras realmente estás
    hablando sobre la X,
donde los dos mundos se encuentran

ACKNOWLEDGMENTS

THANK YOU TO THE EDITORS WHO BELIEVED IN MY WORK and helped reanimate my poems into better, more alive versions of themselves: Anselm Berrigan, Natale Scenters-Zapico, Jeff Sirkin and Pete Miller, Claire Hong, Sean McCoy, Erica Wright, Angela Flores, Nick Twombly, Michael Morse, and Steve Schroeder.

Shout-out to the literary dream team that helped me find my voice, the voice that makes readers stop and say, "Wait, what did he just say?" I'm looking at you, Farid Matuk, Susan Briante, Rosa Alcalá, Jeff Sirkin, Ander Monson, Manuel Muñoz, Daniel Chacón, Lawrence Welsh, Benjamin Alire Sáenz, Sasha Pimentel, and José de Piérola. Thanks for molding this wild mess of a voice.

Thank you to the Vegas of verse, the University of Arizona Poetry Center, a beacon of poetry light in the Sonoran Desert.

Thank you to *Poem Talk* with Al Filreis, the podcast that gave me a poetry education so good, I thought I was cheating.

To other podcasts that offered fascinating arguments and ideas that challenged my own strongly held beliefs and helped me see our confusing cultural moment from different viewpoints, *The Border Simulator* riffs on and at times inhabits the voice of: *Latino USA, The Fifth Column, Establish the Run, The Joe Rogan Experience, Feminine Chaos, Making Sense* with Sam Harris, *Red Scare*, the *Red Rock Fantasy Basketball* podcast with Josh Lloyd, and *The Tim Dillon Show*. A special thank you to Jonathan Haidt and Steven Pinker: Through your podcast appearances, books, and YouTube videos, you've helped me navigate my world. Your influence can be found throughout this book.

Thank you to Elfriede Jelinek for writing the most enthralling poetry/fiction/drama; I write in your shadow. A special thanks to

AGRADECIMIENTOS

GRACIAS A LOS EDITORES QUE CREYERON EN MI TRABAJO Y ayudaron a reanimar mis poemas para convertirlos en versiones mejores y más vivas de sí mismos: Anselm Berrigan, Natale Scenters-Zapico, Jeff Sirkin y Pete Miller, Claire Hong, Sean McCoy, Erica Wright, Angela Flores, Nick Twombly, Michael Morse y Steve Schroeder.

Un saludo al equipo literario de mis sueños que me ayudó a encontrar mi voz, la voz que hace que los lectores se detengan y digan: "Espera, ¿qué acaba de decir?" Brindo por ustedes, Farid Matuk, Susan Briante, Rosa Alcalá, Jeff Sirkin, Ander Monson, Manuel Muñoz, Daniel Chacón, Lawrence Welsh, Benjamin Alire Sáenz, Sasha Pimentel y José de Piérola. Gracias por moldear este lío salvaje de voz.

Gracias a las Vegas del verso, el Centro de Poesía de la Universidad de Arizona, un faro de luz poética en el desierto de Sonora. Gracias a *Poem Talk* con Al Filreis, el podcast que me dio una educación poética tan buena que pensé que estaba haciendo trampa.

A otros podcasts que ofrecieron argumentos e ideas fascinantes que desafiaron mis propias creencias firmemente sostenidas y me ayudaron a ver nuestro confuso momento cultural desde diferentes puntos de vista, *El Simulador de Fronteras* riffs en y a veces habita la voz de: *Latino USA*, *The Fifth Column*, *Establish the Run*, *The Joe Rogan Experience*, *Feminine Chaos*, *Making Sense* con Sam Harris, *Red Scare*, el *Red Rock Fantasy Basketball* podcast con Josh Lloyd y *The Tim Dillon Show*. Un agradecimiento especial a Jonathan Haidt y Steven Pinker: a través de sus apariciones en podcasts, libros y videos de YouTube, me han ayudado a navegar mi mundo. Su influencia se puede encontrar en todo este libro.

Gracias a Elfriede Jelinek por escribir la poesía/ficción/drama

my poetry heroes: Mónica de la Torre, Daniel Borzutsky, Sandra Cisneros, José Olivarez, and Rodrigo Toscano.

To all my friends who offered support, edits, and friendship, especially Gabriel Palacios, James Butler-Gruett, Phil, Will Stanier, Kou Sugita, Paco Cantú, Raquel Gutiérrez, Claire Hong, Maleny Martinez, Abby Dockter, and Sam Coxell. A special thanks to Danielle Geller, Natalie Lima, and Leigh Stein for uplifting and supporting writers. You all helped me at crucial points of this book's creation.

To the Tucson Translation Collective, Kelsi Vanada and Julie Lunde: Thanks for your support and riding this ride with me. Kelsi, thanks for connecting this book with Natasha Tiniacos, a perfect match!

To the University of Arizona's MFA program, a three-year-long game of hide-and-seek but with words. I hold the Tucson poetry galaxy in the highest regard.

To my family, Dozal, Fernandez, and Werthmann: Thank you for your love and support. It's thanks to you that I made it this far.

To the city I love and my forever home, El Paso: Thank you for being the melting pot of cultures and ideas that led me to *The Border Simulator*.

To my editor, Nicole Counts, who turned this book into a bilingual treasure, like a pirate who found the same chest in two different oceans: Thank you for believing in me and my poems. Your brilliant ideas and energy have made this a diamond of a book.

To the team at One World, Andrea Pura, LuLu Martinez, Oma Beharry, Avideh Bashirrad, Raaga Rajagopala, Abel Berriz, Luke Epplin, Carla Bruce-Eddings, and Chris Jackson: Thank you for your belief in me and all your hard work in bringing this book into the world

To my agent, Aemilia Philips: Thank you for your uplift and

más fascinante; escribo a tu sombra. Un agradecimiento especial a mis héroes de la poesía: Mónica de la Torre, Daniel Borzutsky, Sandra Cisneros, José Olivarez y Rodrigo Toscano.

A todos mis amigos que ofrecieron apoyo, correcciones y amistad; especialmente Gabriel Palacios, James Butler-Gruett, Phil, Will Stanier, Kou Sugita, Paco Cantú, Raquel Gutiérrez, Claire Hong, Maleny Martinez, Abby Dockter y Sam Coxell. Un agradecimiento especial a Danielle Geller, Natalie Lima y Leigh Stein por elevar y apoyar a los escritores. Todos ustedes me ayudaron en momentos cruciales de la creación de este libro.

Al Tucson Translation Collective, Kelsi Vanada y Julie Lunde: gracias por su apoyo y por acompañarme en este viaje. Kelsi, gracias por conectar este libro con Natasha Tiniacos, ¡una pareja perfecta!

A la maestría en bellas artes de la Universidad de Arizona, un juego de escondite de tres años pero con palabras. Tengo en alta estima la galaxia de poesía de Tucson.

A mi familia, Dozal, Fernández y Werthmann: gracias por su amor y apoyo. Gracias a ustedes llegué tan lejos.

A la ciudad que amo y mi hogar para siempre, El Paso: gracias por ser el crisol de culturas e ideas que me llevó a *El Simulador de Fronteras*.

A mi editora, Nicole Counts, quien convirtió este libro en un tesoro bilingüe, como un pirata que encontró el mismo cofre en dos océanos diferentes: gracias por creer en mí y en mis poemas. Tus brillantes ideas y energía han hecho de este libro un diamante.

Al equipo de One World, Andrea Pura, LuLu Martínez, Oma Beharry, Avideh Bashirrad, Raaga Rajagopala, Abel Berriz, Luke Epplin, Carla Bruce-Eddings y Chris Jackson: gracias por creer en mí y por todo su arduo trabajo en llevar este libro al mundo.

A mi agente, Aemilia Philips: gracias por tu apoyo y guía en un mundo del que sé tan poco. ¡Has sido fundamental en el viaje de este libro!

guidance through a world I know so little of! You have been instrumental to this book's journey.

To my stet sister, translator, and collaborator, Natasha Tiniacos: Thank you for your brilliance. You've made this book better in every way. This book is as much yours as it is mine.

To Mom Olga and Dad Robert, I love you so much. Thank you for being supportive of me and Rob and being the best parents in the world. To my brother, Rob: Thanks for always being my friend and collaborator.

To my love, Laura: Thank you for pushing me and always being skeptical of my ideas lol. You make me a better person.

Finally, to the individuals who have experienced the challenges and triumphs of navigating the borders between cultures, countries, and identities: This book is for you.

A mi "stet sister", traductora y colaboradora, Natasha Tiniacos: gracias por tu brillantez. Has hecho que este libro sea mejor en todos los aspectos. Este libro es tanto tuyo como mío.

A mis padres Olga y Roberto, los amo mucho. Gracias por apoyarme a mí y a Rob y por ser los mejores padres del mundo. A mi hermano, Rob: gracias por ser siempre mi amigo y colaborador.

A mi amor, Laura: gracias por impulsarme y siempre ser escéptica de mis ideas, jaja. Me haces una mejor persona.

Finalmente, a las personas que han experimentado los desafíos y triunfos de navegar por las fronteras entre culturas, países e identidades: este libro es para ustedes.

GABRIEL DOZAL is from El Paso, Texas. He is a poetry editor for *DIAGRAM* and received his BA in creative writing from the University of Texas at El Paso and his MFA from the University of Arizona. His work has appeared in *Poetry* magazine, *Guernica*, *BOMB Magazine*, *The Iowa Review*, *The Brooklyn Rail*, *The Literary Review*, *Hunger Mountain*, *The Volta*, *Contra Viento*, *A Dozen Nothing*, and more.

SOBRE EL AUTOR

GABRIEL DOZAL es de El Paso, Texas. Es editor de poesía para *DIAGRAM* y recibió su licenciatura en escritura creativa de la Universidad de Texas en El Paso y su MFA de la Universidad de Arizona. Su trabajo ha aparecido en la revista *Poetry, Guernica, BOMB Magazine, The Iowa Review, The Brooklyn Rail, The Literary Review, Hunger Mountain, The Volta, Contra Viento, A Dozen Nothing,* y más.

NATASHA TINIACOS is a Venezuelan poet, literary translator, and scholar living and working in the United States after being granted political asylum. She holds an MFA in creative writing in Spanish from New York University and is currently pursuing a PhD at the CUNY Graduate Center, investigating Latinx and Latin American literature, sound, and art. She has published two books of poems in Spanish, *Mujer a fuego lento* (2006) and *Historia privada de un etcétera* (2011).

NATASHA TINIACOS es una poeta, traductora literaria y académica venezolana que vive y trabaja en los Estados Unidos tras serle otorgado asilo político. Obtuvo su máster en creación literaria en Español por la Universidad de Nueva York y actualmente realiza estudios doctorales en el Centro de Estudios de Posgrado de la Universidad de la Ciudad de Nueva York, investigando literatura, sonido y arte latinx y latinoamericano. Ha publicado dos libros de poesía en español, *Mujer a fuego lento* (2006) y *Historia privada de un etcétera* (2011).

ABOUT THE TYPE

This book was set in Caslon, a typeface first designed in 1722 by William Caslon (1692–1766). Its widespread use by most English printers in the early eighteenth century soon supplanted the Dutch typefaces that had formerly prevailed. The roman is considered a "workhorse" typeface due to its pleasant, open appearance, while the italic is exceedingly decorative.